Débarrassez-vous de vos bananes !

Débarrassez-vous de vos bananes !

*Comment mieux réussir en vous débarrassant
de tout ce qui est pourri dans votre vie*

DR DANIEL T. DRUBIN

ÉDITIONS
du trésor caché

ÉDITIONS DU TRÉSOR CACHÉ
815, boul. St-René Ouest, Local 3
Gatineau (Québec)
J8T 8M3 - CANADA
Tél.: (819) 561-1024
Téléc.: (819) 561-3340
Courriel: editions@tresorcache.com
Site Web: www.tresorcache.com

Traduction: Caroline Charland
Infographie: Richard Ouellette, infographiste

Dépôt légal – 2007
Bibliothèque nationale du Québec
Bibliothèque nationale du Canada

Gouvernement du Québec – Programme de crédit d'impôt pour l'édition de
livres – Gestion SODEC

ISBN 978-2-922405-46-0

Imprimé au Canada

À Laura, ma compagne de vie et de travail…
Tout le monde avait raison. Je suis l'homme le plus
chanceux qui soit ! Tu m'as aidé à devenir plus
que je n'aurais pu l'espérer. Je ne faisais que bâtir
des entreprises ; toi, tu as entrepris un projet bien plus
grand, et tu m'as édifié !

À mes enfants Peter et Jennifer… Votre amour et votre
appui gouvernent ma vie. Je vous aime pour les personnes
que vous êtes et pour celles que vous serez un jour.

Remerciements

Sans les valeurs que m'ont inculquées mes parents, je n'aurais pas pu écrire le présent livre. Maman, papa, bien que vous ne soyez plus auprès de moi dans le sens propre du terme, je sens votre présence et j'entends vos paroles. La sagesse que vous m'avez communiquée résonne tous les jours dans mon esprit.

À ma sœur Cindy. Ton amour et ton appui ne cessent de me rappeler l'importance de la famille.

À Jimmie et à Jenny Vassalotti, merci de m'avoir permis de passer une partie de nos vacances ensemble à terminer ce livre. Votre amour et votre amitié entretiennent mon sourire et me rappellent que la vie est censée être une expérience divertissante.

Merci au Dr Larry Markson qui m'a offert un stage où j'ai beaucoup appris, et grâce à qui j'ai amélioré mes connaissances et mes aptitudes.

Aussi, je remercie particulièrement mon agente littéraire Margaret McBride et son équipe pour leur appui et leur enthousiasme.

Préface

de Peter J. Drubin

Les gens me demandent souvent quelle impression cela fait d'être le fils de Danny. En partie curieux, ils veulent surtout savoir quelle part de son enseignement Danny applique à sa propre vie et à quel point j'ai moi-même été exposé à un monde de pensée positive et de messages de motivation.

D'aussi loin que je me souvienne, mon père m'a toujours encouragé à écrire mes objectifs, à avoir une excellente opinion de moi-même, à épargner mon argent et à voir le bon côté des gens. Si, enfant, je ne voyais pas l'intérêt de certaines de ces recommandations, je me rends maintenant compte combien il est sage et important d'aborder la vie en ayant un plan et une attitude positive.

Le message contenu dans *Débarrassez-vous de vos ba-nanes* reflète fidèlement la façon dont nous menons notre entreprise et dont Danny vit sa vie. Lorsque j'avais quatorze ans, mes parents décidèrent de déménager notre famille de Long Island, à New York, à Park City, en Utah. Ce faisant, Danny quittait son entreprise, sa famille et ses amis, en quête d'une nouvelle expérience de vie. À bien des occasions, je l'ai vu prêt à renoncer à son confort du moment pour explorer les possibilités de l'inconnu et de l'imprévisible. Dans *Débarrassez-vous de vos bananes*, Danny partage avec vous les 12 clés essentielles à une vie plus riche et plus enrichissante, une vie remplie de possibilités illimitées et de liberté personnelle.

N'éprouvant aucune difficulté à apporter à sa vie des changements fréquents, Danny habite maintenant Tucson, en Arizona, où il travaille avec ses clients disséminés à travers le monde tout en continuant d'améliorer son jeu de golf qui est au mieux inégal et au pire digne d'une comédie.

Pour progresser vers la perfection, il faut commencer par lâcher prise de l'ordinaire et se concentrer sur la vision claire que l'on a de son avenir.

Nous avons tous une histoire

L a vie est comme un régime de bananes dont certaines sont bonnes, d'autres pourries. Grâce à *Débarrassez-vous de vos bananes*, vous apprendrez à déterminer les domaines, les situations, les circonstances et les personnes de votre vie dont vous devez vous défaire. Ce sont les bananes sans lesquelles vous vous porterez mieux. Simultanément, vous pouvez garder toutes les bananes positives de votre régime et profiter de la douceur qu'elles apportent à votre vie.

Nous avons tous un régime de bananes dont chacune représente un domaine de notre vie où nous sommes restreints, en perte de vitesse ou carrément immobilisés. Nous pouvons être prisonniers de vieux comportements ou de fausses croyances. Nos obstacles peuvent être très réels ou simplement très vivants dans notre imagination. Les bananes dont nous refusons de lâcher prise peuvent nous être imposées par nous-mêmes ou par d'autres. Ce qui compte, c'est que tous, nous nous accrochons à des choses qui nous empêchent d'atteindre certains objectifs auxquels nous tenons particulièrement.

Dans ce livre, il est question de votre propre régime de bananes, des choses auxquelles vous vous accrochez et qui limitent votre vie. Pensez-y : dès que vous aurez décidé de lâcher prise de vos bananes et de franchir les barrières qui vous retiennent prisonnier, vous pourrez vivre la vie dont vous avez toujours rêvé.

Plus je rencontre de gens, plus je suis intrigué par toutes les solutions qu'ils trouvent pour surmonter les obstacles qui les empêchent d'obtenir ce qu'ils désirent. Je crois fermement que chacun d'entre nous a un destin unique, une raison d'être précise, une mission à remplir et un grand dessein. J'ai écrit *Débarrassez-vous de vos bananes* pour vous aider à vous libérer des obstacles qui vous retiennent et vous permettre de découvrir une vie libre de bananes pourries, une vie de liberté personnelle et au potentiel illimité.

Nous avons tous une histoire. Et chacune de nos histoires semble expliquer à la perfection notre existence et notre situation de vie actuelle. Vous êtes-vous déjà demandé quel concours de circonstances et d'événements vous a amené là où vous êtes actuellement ? Avez-vous déjà envisagé le fait que l'univers puisse vous réserver un grand dessein ? Car c'est en effet le cas, vous savez. À cet instant précis, vous vous trouvez exactement là où vous êtes censé être, à faire les choses que vous êtes censé faire, comme lire le présent livre par exemple. Même si vous ne pouvez rien changer aux événements du passé qui vous ont amené là où vous êtes actuellement, après avoir lu *Débarrassez-vous de vos bananes* vous serez en mesure de rédiger l'histoire du restant de votre vie. Et que l'histoire de votre passé soit intéressante, excitante et stimulante ou au contraire déprimante, votre avenir n'a pas encore été écrit. Votre avenir commence dès maintenant.

Je suis né en 1946 à l'époque du «noir et blanc» comme l'appellent mes enfants, puisqu'il n'existe aucune photographie couleur de mon enfance. Bref, mon histoire débuta en avril 1920 lorsqu'une jeune immigrante polonaise du nom de Rose Altman, déjà mère de deux enfants, se trouva enceinte d'un troisième qu'elle ne pouvait pas se permettre de garder. En proie à des émotions contradictoires, et malgré son vif désir de garder l'enfant, elle finit par décider de faire appel à un médecin qui pratiquait à New York des avortements illégaux.

Le jour prévu de l'opération, ayant fait le voyage pour se rendre au cabinet médical, elle attendit patiemment son tour dans la salle d'attente. Ce qu'elle ignorait, c'est que le médecin, qui était marié, avait mis son infirmière enceinte et lui avait promis de l'épouser si elle se faisait avorter, ce que cette dernière avait fait, croyant qu'il allait quitter sa femme pour elle. Le jour prévu de l'avortement de Rose, le médecin avait avoué à son infirmière qu'il avait décidé de rester avec sa femme et qu'il ne l'épouserait donc pas. Celle-ci, évidemment abasourdie et atterrée, avait quitté le cabinet, puis était revenue armée d'un pistolet, et l'avait tué.

Pas de médecin, pas d'avortement ! Rose vit en cet événement marquant le présage qu'elle devait garder l'enfant. Quittant le cabinet médical, elle s'en retourna chez elle, mena à terme sa grossesse et donna naissance à l'enfant. C'est une histoire vraie qui pour moi fut un grand coup de chance, car figurez-vous que cette jeune femme, Rose, n'était autre que ma grand-mère et que le bébé auquel elle donna naissance, c'était ma mère. Voilà les circonstances de mon existence, voilà mon histoire. Enfant, je me suis fait dire que j'avais une mission précise, celle d'aider les autres à vivre une meilleure vie. Aussi, tous les événements de ce jour de printemps 1920 m'ont amené exactement là ou j'étais censé me trouver.

Il est possible que jamais vous ne connaîtrez les circonstances responsables de votre situation de vie actuelle. Et je ne suis pas sûr qu'il faille à tout prix que vous sachiez ou que vous compreniez comment vous en êtes arrivé là. Ce qui compte vraiment, c'est ce que vous allez faire du restant de votre vie. Si vous êtes prêt à croire que toutes vos expériences passées ont servi à remplir votre destin de grandeur, vous êtes en mesure de franchir n'importe quelle barrière et de lâcher prise de vos bananes.

Le chemin choisi et les obstacles rencontrés en route vers une vie plus complète sont justement les éléments qui forment notre caractère et font de nous des personnes uniques. Je suis convaincu que vous vous trouvez exactement là où vous êtes censé être et que tous les événements qui ont eu lieu dans votre vie y ont été placés volontairement dans le but d'optimiser votre potentiel humain et de vous faire réaliser votre grandeur personnelle.

Il paraît que nous attirons dans notre vie toutes les situations et circonstances qui nous permettent de façonner notre propre destin, aussi bien les bonnes occasions que nos bananes pourries ou contraintes personnelles et professionnelles. Et si profiter des occasions peut nous rendre la vie agréable et enrichissante, le fait de défoncer nos barrières personnelles et professionnelles est un trait de grandeur.

On peut définir une banane pourrie comme une chose à laquelle on s'accroche et qui vous empêche de progresser. Lorsqu'on prend le temps de penser que l'on passe la plus grande partie de son existence à évoluer, apprendre à se débarrasser de ses contraintes est essentiel à la création d'une vie à la fois enrichissante et stimulante. Pour apprendre à briser ses barrières et à lâcher prise de ses limites, il faut explorer toutes les options aptes à améliorer la qualité de tous les aspects de sa vie. Quand il s'agira de vous débarrasser de vos limites réelles ou perçues, votre esprit d'initiative et vos priorités seront vos meilleurs atouts. Plus vous aurez la volonté d'aller au-delà de votre situation actuelle, plus vous serez incité à faire preuve de créativité pour parvenir à votre destination.

Tout succès dans la vie est le résultat du passage d'un état actuel à un état souhaité. Pour lâcher prise du passé d'où vous venez et vous diriger vers un meilleur avenir, il vous faut changer votre façon de penser et de vous comporter. Ce n'est que lorsque vous aurez adopté de nouvelles idées et de nouveaux comportements que vous pourrez vivre une vie exempte de bananes pourries. Les «briseurs de barrières» ingénieux savent que tout ce qui compte c'est le résultat final, et pas nécessairement la façon dont on atteint l'objectif désiré. Leur stratégie de succès est assez simple : passer au-dessus, en dessous, à côté ou à travers.

Les personnes décidées à vivre une vie exempte de bananes pourries abordent tout ce qu'elles entreprennent avec l'attitude de quelqu'un qui est « prêt à tout ». Leurs actions, comme leur attitude, vont dans le sens d'une meilleure vie. Ces personnes sont simplement convaincues qu'elles peuvent surmonter n'importe quelle barrière grâce à leur volonté, leur détermination et un désir ardent d'améliorer leur vie et celle des autres.

Pour évoluer, il faut être animé d'un puissant désir et d'une image mentale des résultats excitants qui vous attendent. Imaginez, si vous le voulez bien, que vous vivez actuellement la vie idéale pour vous. Pour lâcher prise de votre passé et vous créer un meilleur avenir, vous devez être prêt à modifier votre tracé personnel. On modifie son tracé personnel et on lâche prise de ses bananes en se posant des questions de premier ordre comme par exemple «Qu'est-ce qui est possible pour moi? ou bien «Qu'est-ce que je recherche dans la vie?»

C'est la curiosité de voir jusqu'où vous pouvez aller sur le plan personnel et professionnel qui devrait vous mener dans la vie. Rappelez-vous que là où vous vous trouvez importe bien moins que là où vous vous dirigez. Toute vie à succès repose sur une direction, et tant que vous progressez dans le sens de vos rêves, vous vous dirigez vers une vie libre des limites du passé.

Si vous vous sentez prisonnier au moment où vous commencez la lecture de ce livre, ne vous inquiétez pas. Ce sentiment présent ne sera que provisoire si vous êtes disposé à vous sortir de cette situation de statu quo et à briser vos barrières. Votre situation actuelle peut n'avoir absolument aucune importance dans le grand projet que la vie vous réserve. En fait, c'est sans doute une bonne idée que de voir tout ce que vous avez traversé dans la vie comme une vaste expérience d'apprentissage. Tout ce qui compte, c'est ce que vous faites à partir de maintenant. C'est dès maintenant que peut débuter pour vous une meilleure vie, une vie remplie d'occasions illimitées et d'expériences formidables. Après tout, c'est à cela que vous étiez destiné à la naissance, c'est ce que vous souhaitiez dans votre jeunesse et ce dont vous avez besoin en tant qu'adulte.

Dans *Débarrassez-vous de vos bananes*, vous verrez les 12 conditions à respecter si vous voulez passer de là où vous êtes à là où vous voulez aller. À vous de choisir. De votre engagement à ces 12 clés dépend votre destinée.

Le moment est venu pour vous d'apprendre, de grandir et de vous engager sur le chemin de l'amélioration. Le moment est venu de mettre de l'ordre dans votre régime de bananes, de garder celles qui enrichissent votre vie et de vous débarrasser de toutes les bananes pourries qui vous empêchent d'évoluer.

Débarrassez-vous de vos bananes

Se débarrasser de ses bananes

L'effondrement de vos barrières et la croissance personnelle s'amorcent dès l'instant où vous êtes prêt à accepter la vérité à votre sujet. Et la vérité, c'est que la plupart de vos bananes pourries ou limites, qu'elles soient véritables ou imaginées, ont été engendrées par vous ou par quelqu'un d'important dans votre vie. Ce que nous devenons dépend en grande partie des personnes et des croyances auxquelles, enfants, nous avons été exposés. Les enfants ont tendance à être ouverts à tout et à imiter les comportements des gens qu'ils côtoient, parfois au point de reproduire les traits de caractère de ceux qui influencent leur vie. Sans un moyen efficace de filtrer ce à quoi ils sont exposés – et qui n'est pas nécessairement dans leur meilleur intérêt – ils deviennent programmés dans une certaine façon de penser. La bonne nouvelle, c'est que malgré tout ce à quoi vous avez pu être exposé dans votre enfance ou même plus tard, vous pouvez changer votre vie de votre plein gré, grâce à votre pouvoir de choix.

À vous de décider dès maintenant si vous voulez poursuivre votre chemin de vie actuel et laisser les obstacles vous retenir à l'état de statu quo ou faire ce qu'il faut pour franchir ces barrières. À vous de faire le tri des bananes de votre régime pour déterminer celles qui valent la peine d'être gardées, et celles qui sont pourries et dont il faut vous débarrasser.

On m'a dit qu'autrefois en Afrique, pour capturer les singes, on plaçait des bananes au fond de bocaux à goulot étroit. Pour atteindre le fruit, le singe mettait la main dans le bocal, empoignant la banane. Cependant, ne voulant plus en lâcher prise, il se retrouvait la main prisonnière du bocal et devenait donc une proie facile. Mais qu'est-ce que cela a à voir avec votre qualité de vie ? Eh bien, tout !

Dans la vie, la plupart d'entre nous ont tendance à se cramponner à quelque chose ou à quelqu'un et à ne plus en lâcher prise. Nous persuadant que nous sommes tout simplement incapables de nous en passer, nous refusons de nous en défaire. En fait, nous nous accrochons même à des personnes, à des choses et à des habitudes dont nous savons en toute conscience qu'elles nous sont néfastes : il peut s'agir d'une relation, d'un emploi, d'une croyance ou d'une habitude physique. Nous nous cramponnons à ce que nous avons, à ce qui est sans danger, sûr et familier, même lorsque nous savons que cela nous nuit et nous empêche d'accéder à une meilleure vie. Et même si nous voulons aller au-delà de notre situation de vie actuelle, par la plupart de nos actions, nous signifions que nous voulons rester exactement là où nous sommes, tels que nous sommes. Nous refusons de lâcher prise de nos bananes, de notre statu quo, de nos habitudes, de notre confort ou de notre passé.

Le singe finit par comprendre que s'il refuse de lâcher prise de sa banane, celle-ci se met à pourrir et à empester. Et pourtant, il continue de s'y agripper. Cela s'applique aussi à nous. Si nous refusons de nous départir des choses et des personnes qui nous retiennent, la vie commence à pourrir et puis à sentir mauvais. La seule façon d'aller au-delà de votre situation de vie actuelle, c'est de vous débarrasser des choses, des personnes, des habitudes et des croyances qui vous retiennent là où vous êtes au lieu de vous propulser là où vous voulez aller.

Le rejet de vos bananes commence par la puissance du chiffre un : une action hardie, une décision courageuse, une vision sans limites, une question d'envergure, une nouvelle idée, un désir ardent ou un acte de bonté. Dès que vous êtes prêt à accepter l'idée que vous pouvez changer votre qualité de vie et à agir en fonction de cela, votre monde s'améliore.

Un des plus grands défis de la vie, c'est de savoir lâcher prise. Je suis certain que sur le plan intellectuel, vous comprenez et reconnaissez ce à quoi je fais allusion, mais je parle aussi de ce mécanisme inné qui cherche à nous maintenir dans un état de statu quo. Peu importe l'intensité de notre désir d'une meilleure vie, nous avons effectivement tendance à nous contenter de ce que nous apportent la sûreté et le confort. Regardez les choses en face : ne rien changer à votre vie, même si elle est terrible, reste un moyen sûr en comparaison de l'inconnu auquel il vous faudra faire face si vous abandonnez ce que vous avez. C'est dans l'inconnu que repose tout votre potentiel personnel et professionnel. Le connu, d'autre part, c'est votre vie actuelle. C'est simple, vous n'avez que deux possibilités : ne rien changer à votre vie et être affligé par vos contraintes ou opter pour l'inconfort du changement et l'inconnu. Tant que vous avez ces deux possibilités, vous pouvez choisir votre destin. Choisissez l'état de statu quo et vous aurez davantage de ce que vous avez déjà. Optez pour le changement et le lâcher prise, et tout un autre monde de possibilités vous attend.

Rickey Henderson, le meilleur voleur de buts de l'histoire du baseball, avait une décision à prendre chaque fois qu'il faisait des prouesses. En effet, il avait le choix de ne pas voler de but en restant à sa place ou de courir le risque de quitter la sûreté et le confort pour la possibilité de quelque chose de plus grand. Il savait que pour se rendre au deuxième but, il devait commencer par retirer son pied du premier. Ce premier but au-delà duquel Ricky avait la possibilité d'aider son équipe et d'établir de nouvelles normes d'excellence en vol de buts, c'était sa banane. De la même façon, les trapézistes doivent être prêts à lâcher prise pour passer d'un trapèze à un autre. Pour accéder à une meilleure place dans la vie, une place au-delà de ses barrières et exempte de bananes pourries, il faut être résolu à affronter l'inconnu. Pour se débarrasser de ses bananes, il faut du courage et la volonté de vivre avec les conséquences de ses décisions. Seules les personnes qui sont disposées à affronter les risques associés au lâcher prise du présent et à se lancer à la recherche d'un meilleur avenir auront la chance de se prélasser dans la lumière d'une vie débordante de prospérité personnelle et de victoires professionnelles.

Si vous avez décidé de rester tel que vous êtes, c'est-à-dire de vous cramponner aux bananes de votre vie, vous feriez aussi bien de terminer ici votre lecture et de passer ce livre à quelqu'un qui est prêt à transformer sa vie. Par contre, si vous êtes le guerrier audacieux que je sais que vous êtes, le moment est venu de décider des choses et des personnes que vous souhaitez retenir dans votre vie et de celles dont vous devez vous débarrasser. C'est un choix difficile à faire. La plupart de vos choix seront fonction de la force de votre aspiration à vous libérer de votre vie actuelle et à embrasser une vie plus enrichissante. Plus vous voudrez échanger votre présent contre un avenir plus gratifiant, plus il vous faudra prendre de risques. En lâchant prise des grosses bananes de votre vie, vous aurez la chance d'apporter des changements d'envergure et d'abattre d'importantes barrières. Vous pouvez aussi prendre moins de risques, lâcher prise des petites bananes de votre vie et vivre de plus petits changements. Quel que soit votre choix, ce qui importe c'est que vous ayez choisi de ne plus vous contenter des circonstances de votre vie présente et que vous vous dirigiez de façon constante et résolue vers la réalisation de vos rêves.

La vie est un miroir, et ce que vous voyez dans votre univers personnel est le reflet fidèle de vos sentiments, de vos pensées et de vos actions. Si vous vous sentez restreint par des barrières, vous avez raison et la seule chose qui compte vraiment lorsqu'on a des obstacles ou des barrières à franchir, c'est l'esprit d'initiative. Les personnes qui veulent tirer profit de la vie au maximum peuvent y arriver grâce à une bonne dose d'énergie et de créativité et à un bon esprit d'initiative. C'est vrai : tout ce qui existe dans votre état présent est le reflet direct de vos sentiments, de vos pensées et de vos actions. Modifiez vos sentiments, vos pensées et vos actions, et vous transformez votre vie. Transformez votre vie et vos bananes pourries disparaissent, tandis que vos barrières se mettent à tomber. Parce que votre vie est un miroir, ce que vous vivez actuellement est aussi le reflet fidèle de tous les efforts et de toute l'énergie que vous avez investis dans votre qualité de vie jusqu'à maintenant. Si vous voulez jouir d'une vie meilleure et plus valorisante, d'une vie sans bananes pourries, vous devez commencer par modifier ce que vous voyez lorsque vous regardez et analysez tous les aspects de votre existence.

Toute croissance personnelle commence dès l'instant où l'on est prêt à accepter la vérité sur soi. Or la vérité fait souvent mal. Nous devenons si enlisés dans notre déni que souvent nous refusons d'y faire face ou de l'accepter et d'assumer la responsabilité de notre vie. Un jour où j'étais insatisfait de ma condition, j'ai demandé à quelqu'un pour qui j'éprouvais énormément d'admiration et de respect de me dire honnêtement où il voyait mon problème. Après s'être bien assuré que je voulais vraiment entendre sa réponse, il me répondit que j'étais « la personne la plus égoïste de sa connaissance ». Je fus terrassé et aussi blessé. Ce n'est pas du tout ainsi que je me voyais. Ce n'est qu'après avoir mis de côté mon ego et mes sentiments que je fus disposé à réfléchir à son observation. Et en étant complètement honnête avec moi-même, je m'aperçus qu'il avait raison. Cette remarque terriblement vexante fut un moment de vérité qui changea ma vie. Il suffit de regarder la vérité sur soi-même en face pour faire tomber ses barrières et lâcher prise de ses bananes nauséabondes. Une fois que l'on a affronté et accepté la vérité sur qui et ce que l'on *est* véritablement ainsi que sur qui et ce que l'on *n'est pas*, on peut prendre la décision d'investir toute son énergie physique et mentale dans le grand nettoyage de toutes ses bananes pourries.

Il faut dire que pour la plupart d'entre nous, il devient de plus en plus facile au fil du temps de défendre l'état de statu quo de notre vie. En effet, nous nous en accommodons en pensant que nous sommes voués à la vie que les autres nous ont façonnée, au lieu de prendre en main notre propre destinée. Pour supporter notre vie quotidienne, nous sommes capables de justifier, d'expliquer et de défendre notre situation actuelle. Rappelez-vous qu'en assumant la responsabilité de sa vie, on fait preuve du meilleur type de croissance personnelle qui soit. En fait, je n'ai jamais rencontré qui que ce soit qui ne sache expliquer à la perfection sa situation de vie. La destruction de vos barrières et le lâcher prise des bananes pourries de votre vie constituent une partie de bras de fer continue entre votre situation actuelle et celle à laquelle vous aspirez. C'est une lutte constante entre le besoin de s'agripper à la commodité du statu quo et la confrontation, le chaos et la souffrance associés à un changement de condition de vie. Comme je l'ai toujours dit : « Dans un cas comme dans l'autre, vous allez souffrir. » Continuez à vous agripper à vos bananes et à en souffrir ou débarrassez-vous-en et affrontez l'inconnu. D'une façon comme d'une autre, ce sera inconfortable. Personnellement, j'ai toujours pensé que s'il faut subir de l'inconfort, autant opter pour celui qui accompagne le changement. Ce n'est qu'alors que l'on peut profiter de tout ce que la vie a à offrir. Une fois que vous serez décidé et apte à voir la vérité sur votre passé, vous serez capable de vous créer un meilleur présent et un meilleur avenir. C'est alors que vous vous débarrasserez de toutes vos bananes trop mûres, pourries et nauséabondes.

Comme je l'ai mentionné plus tôt, se débarrasser de ses bananes trop mûres, pourries et nauséabondes requiert du courage et de la confiance en soi. La raison pour laquelle nous avons besoin de tant de courage, c'est que nous sommes littéralement accros de notre style de vie et de nos situations.

« Lorsqu'on n'a jamais assez de ce que l'on ne veut pas vraiment » : voilà la meilleure description de cette accoutumance que j'aie jamais entendue. Nous avons beau nous plaindre et vouloir une vie exempte de bananes, une partie de nous adore notre style de vie nauséabond, pourri et vicié. *Nous abordons la vie davantage avec l'idée de nous immobiliser dans un état de statu quo que de nous rendre jusqu'aux étoiles.*

Pour progresser au-delà de votre situation actuelle, vous devez être disposé à prendre des décisions très difficiles et à en accepter avec bonne volonté les conséquences. Dans la vie, les décisions commandent notre comportement et toute modification de celui-ci entraîne de nouveaux résultats. Rappelez-vous que les gens qui assument leur vie sur le plan émotionnel s'en sortent vainqueurs.

Il arrive très souvent que les bananes trop mûres de notre vie dépendent de la qualité de nos relations. Si vous êtes satisfait de vos bananes relationnelles, tant mieux. Par contre, si vous vous accrochez à des relations trop mûres, pourries et nauséabondes, vous devez prendre certaines décisions. Dans ce cas, trois choix s'offrent à vous : supporter, régler ou fuir. Vous pouvez laisser les choses telles quelles et vous accommoder de la vie que vous avez, régler la situation pour l'améliorer ou carrément la fuir, en déni total de la réalité. Vous seul pouvez déterminer le meilleur plan d'action pour votre vie. Seulement, soyez prêt à vivre avec le résultat de vos choix.

Je n'ai jamais pu comprendre pourquoi certaines personnes choisissent de rester dans des relations destructives ou de violence. Je me souviens, enfant, de certains membres de ma famille qui refusaient de parler à d'autres et aussi d'enfants qui refusaient de parler à leurs parents ou à leurs frères et sœurs. Lorsque je demandai à papa pourquoi son frère ignorait leur père, il m'énuméra une liste de raisons très valables, du moins aux yeux de mon oncle. Même si je sais que cela ne risque pas d'arriver dans votre famille, voilà un exemple de bananes pourries qui peuvent vous empêcher de connaître une meilleure vie. Les gens qui choisissent de s'agripper à leurs bananes pourries savent bien que leur situation est déplorable, mais ils continuent de se trouver des excuses de premier ordre pour rester là où ils sont. Très souvent, ils sont si immergés dans leur condition de vie négative qu'ils ne réussissent pas à voir au-delà de leurs barrières et se contentent d'une vie de limites et de souffrance.

Si vous vous reconnaissez dans ce que je viens de dire, demandez dès maintenant l'aide d'un professionnel. Regardez les choses en face : certaines bananes sont si grosses et nauséabondes qu'il vous faut de l'aide pour vous en débarrasser. Il y a des gens et des organismes qui pourront vous aider à faire ce qui est dans votre meilleur intérêt. Cela vous fait peur ? C'est normal. S'il était facile de lâcher prise de toutes les bananes pourries de la vie, nous vivrions dans un monde idéal. Regardez autour de vous : la vie et le monde sont loin d'être parfaits mais cela n'est pas plus mal, car ainsi, nous sommes obligés de relever de nouveaux défis. Votre tâche est de cesser de chercher la perfection et au lieu de cela de vous améliorer jour après jour. Rappelez-vous que le fait de lâcher prise de toutes vos bananes donne une direction à tous les jours de votre vie. Tant que vous continuez au quotidien d'avancer dans la bonne direction, malgré les difficultés qui peuvent se présenter, vous vous rapprochez d'une vie exempte de restrictions.

Souvenez-vous que pour améliorer votre qualité de vie, il faudra du travail, des efforts ciblés, de la constance et un désir ardent d'optimiser les moments positifs de tous les jours de votre existence. Comme c'est le cas de bien des choses dans la vie, il y a toujours un compromis. Vous avez la capacité et le pouvoir de choisir de plein gré de vous débarrasser de toutes vos limites personnelles. Faites l'inventaire de tout ce qui vous retient et échangez ces limites contre une vie au potentiel illimité, une vie plus enrichissante sur le plan personnel et professionnel.

CLÉ №1
SE DÉBARRASSER DE SES BANANES

— CE QUE VOUS POUVEZ FAIRE —

- Dresser une liste de vos bananes pourries.
- Décider des choses et des personnes que vous n'êtes plus disposé à accepter dans votre vie.
- Être disposé à souffrir pour changer votre destin.
- Prendre des décisions difficiles.
- Accepter les conséquences de vos décisions.
- Être tout à fait honnête avec vous-même comme avec les autres.
- Si vous avez besoin d'aide pour lâcher prise de , vos bananes, faites-vous aider.
- Rappelez-vous que pour grandir, il faut lâcher prise !

« Celui qui possède un pourquoi qui le fait vivre peut supporter tous les comment. »
—FRIEDRICH NIETZSCHE

Clé nº 2

Le « tiret de vie »

Quand vous êtes-vous rendu au cimetière la dernière fois ? Oui, j'ai bien dit au cimetière. Rappelez-vous la dernière fois que vous êtes allé vous recueillir auprès de la tombe de quelqu'un. Selon toute probabilité, debout au pied de la pierre tombale, vous avez lu les mots et les dates gravés dans le granit. Je me suis toujours demandé comment quelques mots, quelques chiffres ou commentaires inscrits dans le granit pouvaient définir une personne, ses aspirations et ses réalisations, son influence sur la vie des autres, le contenu de son existence ou sa qualité de vie. Vous savez comme moi que l'histoire de quelqu'un en dit bien plus long que les quelques inscriptions dans le granit.

Devant une pierre tombale, ce que l'on remarque, c'est le nom. Est-ce ainsi que sera définie votre vie, par votre nom ? C'est peu probable, quoique certains noms deviennent synonymes de réalisations, positives ou négatives, de la vie de personnes comme par exemple Winston Churchill ou Adolf Hitler, et éveillent immédiatement en vous des pensées et des images. Se rappellera-t-on de vous pour ce que vous aurez fait lors de votre passage sur la terre ? Peut-être, peut-être pas : cela dépend entièrement de vous, tant que vous êtes en vie, et du jugement des autres par la suite. Votre qualité de vie sera-t-elle mesurée au nombre des années que vous aurez vécues ? Pas nécessairement : il y a des gens qui vivent long-temps et semblent accomplir bien peu, tandis que d'autres accomplissent de véritables exploits en un temps assez court. Votre vie sera-t-elle définie par la date précise de votre nais-sance ou de votre mort ? Probablement pas. L'inscription la plus importante d'une pierre tombale semble être celle qui passe le plus inaperçue : le tiret. La prochaine fois que vous irez vous recueillir auprès de la tombe d'un être cher, concentrez-vous sur le tiret. En vérité, c'est la seule chose qui importe vraiment. Je m'explique.

Un jour, un ami que je n'avais pas vu depuis longtemps m'aborda en me demandant comment allait mon tiret. « Mon quoi ? » lui avais-je répondu, ne comprenant absolument pas de quoi il parlait. « Ton tiret, insista-t-il, tu sais ton tiret de vie ? » Ravi de me voir ainsi confus, il m'expliqua que tout le monde naît avec deux dates, celle de sa naissance et celle de son décès. On sait quand on est né, mais pas quand on mour-ra ; cependant, croyez-moi, un jour viendra où vous n'existerez plus sous votre forme actuelle et où votre existence sur cette planète sera définie par deux dates. Mon ami poursuivit en me disant que les entreprises, tout comme les gens, ont deux dates : celle du début et celle de la fin. Puis il m'expliqua que la date de naissance ou du début et celle du décès ou de la fin d'une entreprise sont sans intérêt en comparaison du tiret qui les sépare. Il définit ce trait d'union comme « le tiret de vie ».

Bien qu'on le remarque rarement, lorsqu'on prend le temps de penser à la qualité de ses réalisations, ce qui compte vraiment, c'est le tiret qui sépare ces deux dates. Par conséquent, si vos dates sont importantes, le tiret qui les sépare représente tous les événements sans exception de votre vie entière. Votre tiret, c'est ce qui définit vraiment la vie que vous avez menée, les services que vous avez rendus ainsi que l'effet que vous avez eu sur les personnes qui ont compté le plus pour vous et sur les gens en général. Ce tiret de vie vous est propre; il n'y en a pas deux pareils. C'est le reflet fidèle des choix que vous avez faits et des décisions que vous avez prises, sur lesquels reposent vos actions.

J'ai toujours fait allusion à la condition de vie d'une personne par Q de V, pour Qualité de Vie. Je suppose que la question «Comment va votre Q de V?» vaut bien «Comment va votre tiret?» J'ai toujours remarqué que les personnes qui ont la meilleure Q de V, ou meilleur tiret de vie, sont celles qui donnent plus qu'elles ne prennent. Vous savez, en définitive ce n'est pas ce que vous tirez de la vie qui définit votre existence; c'est ce que vous apportez qui fait de vous une personne spéciale, à vos yeux et à ceux des autres.

Il y a de cela bien des années, je pris un congé bien mérité à l'île de Saint-Martin. J'étais très excité à l'idée de ces vacances, ayant entendu dire de merveilleuses choses au sujet de cette île. Le premier soir, m'étant rendu dans un restaurant qui m'avait été vivement recommandé, je commandai du poisson local. Ce que je ne savais pas, c'est que certains poissons s'alimentaient dans des endroits de la mer où les industries locales déversaient leurs déchets et contenaient donc un taux élevé de mercure. Cette nuit-là, je tombai gravement malade. Ayant perdu connaissance pour la première fois de ma vie, j'avais une pression artérielle de 80/40, ce qui est dangereusement bas. Je passai cinq jours à l'hôpital, convaincu que ma vie était terminée et que je ne quitterais jamais l'île vivant. Cependant, je finis par me remettre tout doucement et c'est là que je pris de sérieuses résolutions concernant la suite de ma vie. *Profite du moment présent, car la vie est pleine d'événements inattendus. Et amuse-toi.* Depuis lors, je vis selon ces règles. Je planifie mon avenir, mais je vis au présent et fais en sorte que chaque jour m'apporte de la joie et du rire.

Pour améliorer votre qualité de vie, votre tiret, attendez-vous à devoir effectuer certaines démarches. Pour commencer, vous devez vous engager dans un programme de perfectionnement personnel. Lisez des livres de croissance personnelle et mettez-les en application, trouvez-vous un mentor pour vous indiquer le chemin vers une meilleure vie et prenez la décision d'assumer la responsabilité de vos actions. Ce faisant, vous vous dirigez vers une existence plus satisfaisante et plus agréable à tous les points de vue. Le passage de votre situation actuelle à une meilleure vie commence par votre volonté de vous perfectionner !

Plus vous vous perfectionnerez, plus vous améliorerez non seulement tous les domaines de votre vie personnelle et professionnelle, mais aussi tous les gens que vous côtoyez. Plus vous élèverez vos normes d'excellence personnelle, plus vous remarquerez que les personnes de votre entourage font de même. Fort du savoir que la meilleure façon d'améliorer votre vie c'est de vous perfectionner vous-même, profitez du meilleur moment pour commencer à travailler sur votre personne, c'est-à-dire dès maintenant. Cela signifie que vous devez être résolu à faire le nécessaire pour franchir les obstacles à votre croissance personnelle. Peu importe si les moyens d'y parvenir vous déplaisent, faites ce que vous avez à faire.

Lorsque je me trouve face à un défi ou à des bananes pourries, pour me guider et me motiver, je pense à passer «à côté, en dessous, au-dessus ou à travers». Tous les moyens de surmonter vos obstacles et de faire tomber vos barrières sont bons. Donc, la prochaine fois que vous rencontrerez un obstacle, ne pensez qu'à le franchir. Vous pouvez passer à côté, à travers, au-dessus ou encore vous frayer un chemin en dessous. Quel que soit le moyen que vous emploierez, c'est en faisant tomber vos barrières que vous connaîtrez une croissance personnelle. Plus vous vous améliorerez, plus vous améliorerez tous les domaines de votre vie. Je vous recommande vivement d'avoir recours à des livres, à des enregistrements sur la croissance personnelle, à des mentors et aussi à votre propre créativité. Puis cherchez à vous perfectionner jour après jour.

Pour améliorer votre tiret de vie de façon radicale et extraordinaire, vous devez aborder toute amélioration avec l'attitude de quelqu'un qui est «prêt à tout». Vous devez vous investir complètement dans votre croissance personnelle. Plus vous ferez preuve de débrouillardise dans ce domaine et moins vous vous accommoderez d'un état de statu quo, plus vous aurez d'occasions de façonner votre propre destin et d'améliorer la qualité de votre tiret de vie. De surcroît, plus vous améliorerez votre propre tiret, plus vous améliorerez celui de votre entourage. Rappelez-vous que quand il s'agit de se débarrasser des limites du passé, c'est l'esprit d'initiative qui prime.

La loi de la gravité est un exemple parfait de loi absolue. Elle fonctionne à tout coup, du moins ici sur terre. Parce que toute loi universelle est absolue, il importe de se rappeler que dans la loi de cause à effet, il n'y a ni sympathie ni compassion. Aussi, parce qu'il en est ainsi, vous devez vous souvenir que tout ce que vous ferez pour le restant de votre vie aura un effet de ricochet. Vous êtes la cause de votre propre vie, or toute cause a un effet. Votre tiret de vie actuel n'est pas une coïncidence, mais bien le résultat des situations et des circonstances de votre passé. Et alors que votre tiret passé a été prédéterminé et est maintenant rangé au dossier, c'est à vous de créer celui de votre avenir. Autrement dit, si vous êtes prêt à passer de là où vous vous trouvez actuellement à là où vous voulez être, vos pensées et vos actions vont avoir un certain effet pouvant parfois s'étendre bien au-delà de votre monde immédiat et des gens qui s'y trouvent. Il importe de vous le rappeler, car vous ne pourrez pas franchir vos obstacles si vous n'acceptez pas certaines responsabilités, lesquelles vont souvent bien au-delà des effets qui vous touchent directement. En effet, si faire tomber vos barrières personnelles et professionnelles est sans contredit l'objectif visé et le but du présent livre, il est important de vous rappeler que chacune de vos actions peut avoir un effet considérable sur votre entourage. Lorsque vous lâcherez prise de vos bananes, attendez-vous à devoir en assumer les responsabilités et à en subir les conséquences.

Nous en venons à la question essentielle, à savoir «Comment faire pour améliorer mon tiret de vie ?» Eh bien, j'ai découvert plusieurs façons qui se sont avérées efficaces, pour moi-même et pour d'autres personnes que j'ai aidées à améliorer leur vie. Si vous suivez ces concepts, ils vous apporteront les résultats souhaités, je vous le promets. Une fois que vous aurez pris la décision consciente d'améliorer votre vie, vous pourrez franchir n'importe quel obstacle. Cela peut sembler simpliste, mais vous seriez surpris de voir le nombre de personnes qui vivent au jour le jour sans réfléchir, ou si peu, à la façon dont elles pourraient améliorer leur vie; au lieu de se développer, elles ne font que survivre. Je crois pouvoir affirmer sans me tromper que si vous lisez le présent livre, c'est que vous voulez améliorer votre existence. Cependant, plus que souhaiter une meilleure vie, une vie libre d'obstacles psychologiques et physiques, vous devez *croire* que vous méritez davantage que ce que vous avez. Ce n'est que lorsque vous aurez décidé d'améliorer votre tiret de vie et que vous croirez sincèrement que vous méritez une meilleure vie, que vous pourrez vous concentrer sur les mesures à prendre pour redéfinir votre destinée. Rappelez-vous qu'il est impossible de se construire une vie meilleure que celle que l'on pense mériter. Or, pour mériter une vie améliorée, il faut avoir une meilleure image de soi. Lorsqu'on est bien dans sa peau, on se sent plus digne d'améliorations. Plus vous vous croirez capable de vous créer une meilleure qualité de vie, meilleures seront vos chances d'atteindre la grandeur.

Pour surmonter tous les changements et franchir toutes vos barrières, vous devez commencer par modifier vos résolutions. C'est là que vous devez diriger toute votre énergie mentale, et ce, à tout moment. De votre capacité de maîtriser vos pensées et votre énergie mentale dépend l'amélioration de votre tiret de vie. Plus vite vous aurez la discipline de réfléchir délibérément à vos pensées du moment, plus vite votre qualité de vie s'améliorera. Si le fait de concentrer toute votre énergie mentale sur la recherche d'une meilleure vie peut sembler et même être accablant, concentrez-vous sur un jour à la fois. Plus vous vous concentrerez volontairement sur les événements de la journée, plus vous pourrez maîtriser la qualité de votre tiret. Chaque jour de votre existence est composé d'une série d'événements. Répartis sur les moments de la journée jusqu'à concurrence des 1 440 minutes qui la composent, ces événements peuvent être positifs ou négatifs, importants ou anodins, mais ensemble, ils forment un autre jour de votre vie. Aussi, à la fin de la journée, vous pouvez déterminer si vous avez utilisé ce temps à bon escient. Avez-vous fait en sorte que tous les événements du jour soient positifs ? Par cela, je ne veux pas dire que tous doivent avoir été réellement positifs, simplement que vous vous êtes concentré sur votre réaction à ce qui vous arrive au lieu de laisser ces circonstances l'emporter sur vous et sur votre comportement. Bien sûr, pour réussir à voir tous les événements d'une journée de façon positive, il faut une bonne discipline mentale ; mais qui a jamais dit qu'améliorer sa situation et son tiret de vie est chose facile ? C'est en surmontant les défis et les obstacles de la vie que nous formons notre caractère ; or une personne qui a du caractère réussira toujours mieux dans la vie.

Améliorer sa qualité de vie est un choix assez simple à faire, mais trouver la discipline mentale de se concentrer sur les événements de tous les jours nécessite un engagement, du travail et une volonté à toute épreuve. Dès que vous aurez pris la décision de vous consacrer à l'amélioration des 1 440 minutes qui constituent chaque jour, votre vie s'améliorera. Ainsi, pour commencer à améliorer votre tiret, vous devez multiplier et perfectionner vos résolutions en vous attardant à vos pensées. Finie la vie sans direction : concentrez-vous sur vos pensées, dès qu'elles vous viennent à l'esprit. Puis demandez-vous si elles vous rapprochent ou au contraire vous éloignent d'une meilleure Qualité de Vie. Si votre instinct vous dit que vous vous rapprochez de là où vous voulez être, vous savez que vous êtes sur la bonne voie.

Dans ce cas, poursuivez dans cette direction. Cette quête de croissance personnelle devrait être une démarche divertissante. Plus vous ferez un jeu du fait de vous concentrer sur vos pensées et sur la façon dont la qualité de celles-ci peut améliorer la qualité de votre tiret de vie, plus vite vous pourrez faire tomber vos barrières personnelles et professionnelles. Faites-en l'essai le temps d'une journée. Et pourquoi pas dès aujourd'hui ! Eh oui, aujourd'hui même. Il ne s'agit pas d'un régime et il n'est pas nécessaire d'attendre lundi pour vous y mettre ; vous pouvez commencer dès maintenant. Faites-le et vous serez surpris de voir votre qualité de vie commencer à s'améliorer.

Tout en travaillant sans répit à votre objectif, vous devez renforcer votre énergie personnelle. Chiropraticien à New York pendant dix-sept ans, je trouvais très motivant et extrêmement gratifiant de prodiguer aux milliers de patients que je traitais des conseils sur l'importance d'un squelette en bonne santé, d'une saine alimentation, de l'exercice physique et d'un repos suffisant, ainsi que d'une attitude positive envers son corps et sa vie. Je pus ainsi observer de première main comment un esprit et un corps sains pouvaient améliorer le tiret de vie d'une personne et stimuler son énergie physique. Votre condition physique influe énormément sur la qualité de votre vie entière. Regardez les choses en face : il sera très difficile d'améliorer votre existence et de passer à côté, en dessous, au-dessus de vos barrières ou à travers si vous êtes en mauvaise condition physique. Le moment est donc peut-être parfaitement propice à un inventaire personnel et à une bonne stimulation de votre énergie. Bien que vous ne puissiez pas arrêter le temps, il y a des tas de choses que vous pouvez faire pour améliorer votre condition physique et stimuler votre énergie. Commencez par votre alimentation : concentrez-vous sur la qualité et la quantité des aliments que vous consommez. Mes propres critères d'une saine alimentation sont assez simples. Si un aliment semble trop appétissant et est effectivement trop bon, recrachez-le : il est probablement mauvais pour vous. Tant que vous mangez avec modération, vous n'avez besoin de vous priver de rien. À notre époque d'information, vous savez déjà exactement ce qu'il vous faut bannir ou au contraire ajouter à votre régime pour vivre plus sainement. Et si aujourd'hui, tout ce que vous avez fait c'est d'apporter quelques améliorations à votre régime, c'est déjà très bien. Tant que vous effectuez des modifications, vous êtes sur la bonne voie et verrez augmenter votre niveau d'énergie. Il est important de combiner votre nouvelle façon de manger à un programme d'exercices et d'étirements. Inscrivez-vous à un gymnase et fréquentez-le assidûment. La meilleure façon d'être sûr de persévérer, c'est d'avoir un partenaire d'entraînement. Vous ferez ainsi davantage de progrès et vous entraînerez plus régulièrement si vous avez quelqu'un à qui rendre compte. Depuis des années, ma femme Laura travaille avec un entraîneur professionnel, ancien gagnant du concours de musculation de l'Utah. Tant qu'elle a rendez-vous avec lui pour une séance et qu'il se présente, elle fait ses exercices. Mais si elle n'a pas de rendez-vous ou que lui n'est pas libre, rien ne se passe. Les personnes qui veulent se débarrasser de leurs bananes nauséabondes savent que pour améliorer leur tiret de vie, elles doivent être responsabilisées.

Par conséquent, commencez à faire des étirements et à développer votre endurance et votre flexibilité. Mieux alimenté et en meilleure forme physique, vous serez surpris de l'énergie dont vous disposerez pour faire tomber vos barrières.

Pour lâcher prise du passé, il faut de la détermination et si vous êtes vraiment décidé à améliorer votre vie, vous allez devoir y apporter de sérieuses modifications. Plus vous changerez vite, mieux ce sera. Peu importe votre âge ou votre condition physique actuelle, il y aura toujours quelque chose à faire pour améliorer votre santé; et plus vous serez en bonne santé, plus vous aurez d'énergie physique et mentale. Comme bien des choses dans la vie, manger sainement et faire de l'exercice régulièrement deviennent une habitude. Pas besoin de changer de façon radicale, il suffit de vous lancer. Si n'ayant jamais fait d'exercices, vous commencez par faire si ce n'est qu'un seul sautillement sur place par jour, vous créez l'habitude de l'exercice. Si vous étant toujours mal alimenté, vous vous mettez à manger si ce n'est qu'un seul aliment sain par jour, vous êtes sur le chemin d'une alimentation plus saine.

La prochaine chose à faire pour améliorer votre tiret de vie, c'est de vous renseigner davantage. En effet, plus vous en saurez sur la croissance personnelle, mieux vous vous porterez. Lisez d'autres livres, écoutez des enregistrements sur la croissance personnelle et laissez-vous imprégner par tout ce qu'il y a à savoir sur la façon de cultiver votre bonheur et votre santé. Aux briseurs de barrières enthousiastes, je recommande une visite hebdomadaire à la librairie. Les librairies débordent d'excellents livres qui sauront vous guider vers une vie plus enrichissante et mieux remplie. Tant qu'à vous informer, pourquoi ne pas vous rendre aussi chez votre agence de voyage locale ? Autrefois, j'attendais d'avoir besoin de vacances pour en prendre. Toutefois, quand j'en avais besoin, il était souvent trop tard, car j'étais épuisé, de mauvaise humeur et mentalement vidé. Maintenant, je planifie mes vacances un an d'avance. Même s'il ne s'agit que de longues fins de semaine, je peux toujours me réjouir d'un prochain congé. Si vous êtes déterminé à améliorer votre Q de V, vous devez vous accorder du temps pour refaire le plein d'énergie mentale et physique, et profiter de votre famille, de vos amis et de tout ce que la vie a à offrir.

Rappelez-vous qu'une vie entière peut s'écrouler en l'espace de quelques secondes. Récemment, lors d'un voyage à Phoenix où nous étions allés faire des courses, une des vendeuses du magasin où nous nous trouvions se mit à tousser. Au bout de quelques instants cependant, il devint évident qu'elle s'étouffait car elle était incapable de parler et essayait de se taper dans le dos, tandis qu'elle devenait écarlate.

Malgré les efforts d'autres vendeurs et de quelques clients venus précipitamment lui prêter main-forte, elle continuait de suffoquer. Conscient du fait qu'il fallait agir vite car elle devenait bleue, m'étant élancé vers elle, j'effectuai une manœuvre de Heimlich, réussissant à déloger un bonbon responsable de son étouffement.

Ayant enfin repris ses couleurs et ses esprits et ayant compris qu'elle aurait pu y laisser la vie, la vendeuse m'avoua avoir pensé « ne plus jamais pouvoir respirer » et être sur le point de mourir. Inutile de dire qu'elle était on ne peut plus reconnaissante. Quant à moi, j'étais très soulagé. La vie peut effectivement être fugace et précaire. Ce que nous chérissons tant peut nous être retiré en un battement de cils. Par conséquent, prenez bien soin de votre tiret de vie. Traitez chaque jour comme le cadeau précieux qu'il est et assurez-vous d'en apprécier chaque moment.

En définitive, l'amélioration de votre tiret de vie commence dès que vous le décidez. Elle commence dès l'instant où vous prenez la décision de cultiver votre niveau de bonheur. Prendre la décision de jouir des moments de la vie et d'être plus heureux, c'est se créer un tiret de vie plus épanouissant. Les gens heureux sont reconnaissants pour ce qu'ils ont et ne jugent personne. Vous pouvez décider dès maintenant d'être plus reconnaissant et d'abandonner votre toge de juge. Faites-le. Les briseurs de barrières savent que plus qu'à n'importe qui d'autre, le fait de juger autrui leur porte préjudice et nuit à la qualité de leur tiret de vie. Par conséquent, cessez de juger et prenez la décision d'être heureux.

Il nous arrive à tous de nous rendre compte que notre tiret peut se terminer en un éclair. L'impression que plus on vieillit plus le temps passe vite est bien réelle. Respectez ce sentiment et profitez de chaque jour en lâchant prise de tout ce qui n'a pas sa place dans votre vision d'un meilleur avenir.

CLÉ Nº 2

LE « TIRET DE VIE »

– CE QUE VOUS POUVEZ FAIRE –

* Vous concentrer sur chaque instant et chercher à donner davantage de sens à chaque minute de votre vie.
* Prendre la décision d'être heureux.
* Cesser de juger les autres.
* Manger sainement, dormir suffisamment, penser positivement – faire ce qu'il faut.
* Commencer à améliorer votre condition physique.
* Visualiser vos barrières en train de tomber.
* Planifier des vacances formidables.
* Croire fermement que vous êtes digne d'un meilleur tiret de vie.

Les choses tournent au mieux pour ceux qui savent tirer le meilleur parti possible de ce qui leur arrive.
—JOHN WOODEN

Améliorer son esprit d'initiative

Pour lâcher prise de vos bananes personnelles et professionnelles, vous devez établir clairement vos priorités en fonction de ce qui est important pour vous. Ce n'est qu'une fois que vous aurez une vision limpide de ce que vous voulez vraiment que vous serez en mesure de créer une stratégie apte à vous faire franchir n'importe quel obstacle. Hiérarchiser vos désirs vous permet de concentrer votre énergie sur les objectifs qui comptent le plus pour vous et de reléguer au second plan les questions moins importantes.

Tant que vous ne serez pas disposé à établir vos propres priorités, vous resterez aux prises avec un régime de bananes pourries qui vous empêcheront de progresser. Commencez par vous dresser une liste d'objectifs que vous réduirez jusqu'à ce qu'il ne reste plus que ceux qui visent l'amélioration de votre qualité de vie en général.

> *Les choses auxquelles nous accordons de l'importance ne peuvent jamais se retrouver à la merci de celles auxquelles nous en accordons moins.*
> —JOHANN WOLFGANG VON GOETHE

Rappelez-vous de limiter vos pensées à une seule à la fois.

Plus votre objectif sera ciblé, mieux vous réussirez à vous débarrasser de vos bananes.

Une fois que vous savez exactement ce que vous voulez, il ne vous reste plus qu'à trouver comment l'obtenir. Et c'est là qu'entre en jeu votre esprit d'initiative. Pour passer de là où vous êtes à là où vous désirez être, vous devez manifester un désir ardent dans toutes vos actions. Ce feu intérieur doit être alimenté par la passion si vous voulez accomplir des exploits et franchir vos barrières personnelles. Les personnes passionnées trouvent toujours une solution aux obstacles. Les personnes passionnées sont des humains sans limites. Elles sont si concentrées sur les résultats recherchés qu'elles investissent entièrement leur vie dans la poursuite de leurs objectifs. Elles voient n'importe quel obstacle comme un inconvénient mineur à franchir pour obtenir ce qu'elles souhaitent. En résumé, si vous voulez franchir vos barrières et améliorer votre vie, vos désirs doivent nécessairement être alimentés par la passion.

Pour obtenir ce que vous voulez, il vous faut aller au-delà du prévisible, car c'est au prévisible que vous devez la vie que vous menez actuellement et le régime de bananes qui en font partie. Pour jouir d'une meilleure vie, d'une vie exempte de barrières, vous devez être disposé à penser au-delà du prévisible. Votre vie actuelle est le résultat de vos pensées, de vos actions et de vos émotions. Pour aller au-delà de votre état présent, vous devez vous mettre à penser, à agir et à ressentir complètement différemment. Vous ne pouvez pas améliorer votre vie en ayant la même attitude que celle qui a engendré la vie que vous vivez actuellement. Quelque chose doit changer; or, le changement est votre allié, même s'il apporte de l'inconfort. Les briseurs de barrières comprennent bien qu'il ne leur suffit pas simplement de penser ou de souhaiter franchir leurs obstacles. Ils savent que l'ego et l'intellect étant toujours de la partie, ces facteurs peuvent suffire à retenir les personnes aux prises avec un régime de bananes pourries en deçà de leurs barrières. Ils acceptent le fait que pour changer de vie et atteindre les objectifs qu'ils se sont fixés, ils doivent appliquer des mesures catégoriques et faire preuve de travail acharné ainsi que d'un dévouement total.

C'est grâce au travail acharné que les rêves deviennent réalité. Aussi, une bonne éthique du travail peut être un de vos plus grands atouts dans la reconstruction d'un meilleur avenir. En vous acharnant à être plus créatif et plus ingénieux, vous préparez la voie à une vie plus enrichissante et plus divertissante. Et parce que les gens qui connaissent une croissance personnelle se façonnent des vies dynamiques, assurez-vous de passer davantage de temps à votre croissance personnelle qu'à n'importe quelle autre activité. Quand il s'agit des bananes pourries de votre vie, c'est-à-dire des choses qui vous empêchent d'obtenir ce que vous voulez, la question primordiale est de savoir à quel point vous voulez changer. Si vous souhaitez vraiment améliorer votre vie, vous devez chercher en vous les ressources nécessaires pour franchir vos barrières. Vos deux meilleurs alliés sont votre esprit d'initiative et votre sens d'urgence; alimentés par votre passion, ils vous permettront de surmonter n'importe quel obstacle. Soyez passionné pour ce que vous désirez et dans la plupart des cas, vous trouverez le moyen de l'obtenir.

Les personnes ingénieuses ont un niveau d'énergie ciblée extrêmement élevé. Elles n'ont pas d'heure, mais définissent plutôt leurs jours en fonction de leurs réalisations. Prêtes à se lever tôt et à se coucher tard pour changer leur vie, elles ont une énergie physique et mentale à tout casser. Elles réussissent mieux que leurs pairs et de ce fait connaissent une vie plus enrichissante. Ce sont des personnes essentiellement courageuses qui vont tout droit vers les défis et, malgré leurs craintes, font tout ce qu'il faut pour surmonter n'importe quel obstacle. Devenir une personne débordante d'énergie, prête à affronter toutes ses barrières n'est qu'une question de choix. Vous pouvez dès maintenant choisir d'améliorer votre vie. Dès cet instant précis, vous pouvez décider d'augmenter vos niveaux d'urgence et d'initiative et encourager le changement dans votre vie au lieu d'attendre que les choses vous arrivent. C'est une question de choix où prime l'esprit d'initiative.

Lorsque notre fille Jennifer était jeannette, elle participait au concours annuel de vente de biscuits des jeunes guides. La lutte était toujours serrée, car toutes visaient le plus gros et le meilleur prix pour avoir réussi à vendre le plus grand nombre de biscuits. Les années précédentes, Jennifer en avait vendu un nombre considérable, mais elle se faisait toujours dépasser par une jeannette particulièrement débrouillarde. Cependant, cette année-là, elle était résolue à gagner. Décidée à ne pas se laisser battre, elle était prête à tout. Ayant recours à sa tactique habituelle, elle réussit à vendre un grand nombre de boîtes de biscuits. Cependant, le concours tirant à sa fin, elle s'aperçut qu'elle accusait encore du retard par rapport à la fillette pleine d'initiative et qu'elle allait manquer de temps car elle devait bientôt rapporté ses bons de commande.

Devant la possibilité d'arriver encore seconde, elle me demanda conseil. «Tiens-tu vraiment à gagner?», lui demandai-je. «Oh oui!», me répondit-elle. Insistant, je lui demandai si elle était prête à tout pour gagner le concours, ce à quoi elle me répondit encore une fois par l'affirmative. Puis, à la grande horreur de ma femme, je proposai à Jennifer d'appeler toutes les personnes inscrites dans notre carnet d'adresses personnel pour leur vendre ses biscuits. Je fus surpris par sa réaction : elle était tout feu tout flamme, prête à agir. S'asseyant sur une chaise, elle sortit son bon de commande et un crayon, et se mit à appeler des gens qu'elle connaissait à peine. La réaction de ses interlocuteurs fut encore plus surprenante. En effet, en deux heures, Jennifer avait réussi à vendre cent cinquante boîtes de biscuits supplémentaires. Avec un immense sentiment de fierté, elle alla se coucher ce soir-là avec la certitude qu'elle gagnerait le concours, ce qui fut effectivement le cas.

Devant la barrière que représentait la seconde place, Jennifer devait faire un choix : se contenter de moins que ce qu'elle voulait ou mettre à l'épreuve son esprit de compétition. Elle choisit donc de donner un sens d'urgence et d'appliquer ses ressources personnelles à ce qui devait être fait ; puis, alimentée par la passion de la victoire, elle fit le nécessaire pour l'obtenir. En fait, vivre et défoncer ses barrières, c'est un peu comme participer à une grande vente de biscuits. La personne qui souhaite le plus gagner finit par trouver les ressources physiques et mentales pour triompher. Les gagnants savent bien que la deuxième place n'est autre que la première place des perdants, et lorsqu'ils sont déterminés à ne pas s'en contenter, ils s'investissent entièrement dans la tâche à accomplir.

Si tout vient à point à celui qui sait attendre, c'est aussi tout ce que lui ont laissé ceux qui se démènent.
—ABRAHAM LINCOLN

Lorsqu'il s'agit de défoncer ses barrières, l'esprit d'initiative prime à tout coup. Les personnes qui ont une vision claire de ce qu'elles veulent et la passion nécessaire pour l'obtenir trouvent l'enthousiasme, l'énergie et le courage de franchir n'importe quel obstacle. Leurs niveaux élevés de résolution personnelle l'emportent sur leur crainte de l'inconfort et de la confrontation. Leur désir ardent et leur attitude de « fonceur » les blindent contre ce que peuvent dire ou penser les autres; elles font tout simplement ce qu'elles ont à faire.

Pour obtenir ce que vous voulez dans la vie, je vous recommande d'essayer l'approche suivante en cinq étapes, qui s'est avérée utile pour moi et pour les autres que j'ai aidés.

1. *Soyez certain à 100 % de ce que vous voulez exactement.* Rien ne peut remplacer le feu intérieur et un désir ardent.

2. *Mettez toute votre énergie mentale sur « ce que vous voulez ».* Rappelez-vous qu'il n'est pas nécessaire de comprendre comment vous allez y parvenir, sachez simplement ce que vous voulez. Le « comment » viendra tout seul.

3. *Ayez la vision de vous possédant déjà ce que vous désirez.* L'esprit fonctionne au moyen d'images, et plus on se voit dans la situation à laquelle on aspire, plus on se rapproche de son but.

4. *Utilisez l'approche hypothétique.* Je crois fermement que « les choses que je veux le plus me veulent aussi le plus ». Quelle merveilleuse façon de voir sa vie !

5. *Adoptez ma définition du véritable pouvoir personnel :* « la capacité de traduire mes intentions en réalité ».

En croyant fermement que vous pouvez obtenir tout ce que vous désirez, vous alimentez votre esprit d'initiative avec l'énergie nécessaire pour améliorer votre vie.

Je crois avoir couvert cette question dans les grandes lignes. Les personnes qui se démènent le plus gagnent et celles qui se démènent le moins regardent gagner les autres. À vous de choisir. Vous pouvez vous asseoir dans les coulisses et vous contenter de ce que vous avez ou décider dès maintenant de surmonter votre propre inertie et de devenir une personne « prête à tout ».

Les personnes « prêtes à tout » se demandent constamment si elles font vraiment tout ce qu'elles peuvent pour gagner. C'est une excellente question à se poser avant de se lancer à l'assaut de ses barrières. Posez-vous cette même question chaque fois que vous faites face à un défi et répondez-y honnêtement. Si votre réponse est affirmative, vous savez que grâce à votre initiative vous faites pencher la balance en faveur de votre réussite. Si votre réponse est négative, demandez-vous à quel point vous voulez ce à quoi vous aspirez, car il y a deux raisons pour lesquelles on n'obtient pas tout ce que l'on veut dans la vie : soit on n'y tient pas assez, soit on y renonce tout simplement trop vite. Les personnes ingénieuses ne baissent pas les bras !

CLÉ Nº 3
Améliorer son esprit d'initiative

– Ce que vous pouvez faire –

- Prendre la décision de ne pas vous accommoder de ce que vous avez.
- Vous découvrir une passion.
- Hiérarchiser vos désirs.
- Surpasser les autres concurrents par un travail acharné.
- Vous poser chaque jour la question suivante : Est-ce que je fais tout ce que je peux pour gagner ?
- Ne jamais céder et ne jamais baisser les bras.

Clé n⁰ 4

Repérer ses bananes

Fait : nous avons tous des bananes pourries, des composantes restrictives. Si vous ne vous en trouvez pas, c'est que vous n'essayez pas. Le déni des obstacles qui vous empêchent, vous et les êtres qui vous sont chers, de jouir d'une meilleure vie n'améliorera pas votre situation. En fait, refuser d'admettre votre état de statu quo peut sérieusement diminuer votre tiret de vie. Si vous n'êtes pas trop sûr de la nature de vos barrières, demandez tout simplement à quelqu'un que vous aimez et en qui vous avez confiance de vous les indiquer. Attendez-vous cependant à ne pas aimer sa réponse ou à être en désaccord avec son analyse. Affronter la réalité sur soi est un exercice souvent douloureux et révélateur. Oui, la vérité peut faire mal, mais quoique inconfortable, la douleur de la réalité est une expérience saine. Il paraît que la vraie valeur d'une personne se mesure au degré de vérité qu'elle peut assumer sans être blessée. Regardez les choses en face : certains obstacles et difficultés vous empêchent de vivre la vie que vous souhaitez. Et tant que vous n'êtes pas prêt, décidé et capable d'accepter le fait qu'il vous faut sans doute lâcher prise de tout un régime de bananes, vous ne pourrez apporter que peu de changement ou d'amélioration à votre vie.

Les bananes sont de toutes les formes et de toutes les tailles. En fait, elles peuvent même prendre la forme de personnes. Certaines sont bien réelles, alors que d'autres ne sont que des perceptions et le fruit de votre imagination. Réelle ou perçue, une barrière est une barrière, et tout obstacle empêche d'accéder à un meilleur avenir. Si vous examinez soigneusement les choses qui vous retiennent dans votre état de statu quo, je pense que vous verrez que la plupart de vos barrières se sont construites de deux façons : vous les avez créées de votre plein gré afin de vous protéger, vous et votre confort, ou alors volontairement ou pas, vous avez adopté le point de vue de quelqu'un d'autre sur vous et sur votre potentiel. Que vos barrières soient insignifiantes ou au contraire imposantes, réelles ou le fruit de votre imagination, créées par vous ou rejetées sur vous par quelqu'un, c'est à vous de décider si vous voulez les tolérer ou les franchir. Les tolérer et les laisser exactement telles quelles signifie opter pour le statu quo. Choisir d'aller au-delà de votre situation actuelle signifie œuvrer dans le sens d'une meilleure vie. Tout succès dans la vie commence par une décision. Et le fait de décider que vous êtes disposé à passer à côté, en dessous, au-dessus de vos barrières ou à travers est le point de départ d'un avenir plus prometteur.

Il existe essentiellement cinq variétés de bananes : les bananes physiques, les bananes mentales, les bananes émotionnelles, les bananes financières et les bananes sociales. Quel que soit le type de barrière auquel vous vous accrochez, la chose essentielle à se rappeler quand on veut en lâcher prise, c'est que l'esprit d'initiative doit primer. Les personnes très débrouillardes ne demeurent pas en état de statu quo et ne se contentent pas d'exister, mais finissent toujours par connaître une vie enrichissante. L'esprit d'initiative est l'ingrédient essentiel quand il s'agit de lâcher prise de ses limites et de se façonner une vie sans obstacle. Plus vous voudrez une meilleure vie et plus vous adopterez les habitudes des personnes qui réalisent leur potentiel, plus vous aurez de chances de connaître une meilleure vie, à condition d'endurer la souffrance inhérente au changement et à la croissance personnelle.

J'ai vécu à Park City, ravissant centre de ski situé en Utah. Dès que j'en avais l'occasion, je profitais des conditions d'enneigement de ski remarquables pour m'élancer sur les pistes. Pratiquement tous les jours, je voyais dans la montagne des personnes extraordinaires, sans limites, réaliser des prouesses incroyables : des skieurs paraplégiques munis de sièges conçus spécialement pour eux, des personnes amputées d'un bras ou d'une jambe qui effectuaient des exploits que certains ont dans l'idée de faire mais n'osent pas, ainsi que des personnes aveugles qui skiaient avec l'aide de guides. Tous ces gens courageux, débrouillards et remarquables avaient un choix : celui de vivre une vie limitée – et d'avoir l'excuse parfaite pour ne pas exceller – ou accepter les circonstances et profiter de tout ce que la vie a à offrir, malgré des infirmités qui en limiteraient certains. Chacun de nous doit faire face à un handicap ou à un autre. Et alors ? On peut avoir un problème de taille ou de poids. Et alors ? On peut ne pas être aussi beau que d'autres. Et alors ? On peut souffrir d'un handicap quelconque ou encore avoir simplement subi les effets des années qui passent. Et alors ? Voilà des tas d'excellentes excuses pour ne pas faire quelque chose de bien de sa vie. Toutes celles que j'ai entendues, du moins, paraissent très valables aux personnes qui les invoquent. Mais c'est l'esprit d'initiative qui prime, et si vous êtes vraiment décidé à gagner, en dépit de désavantages physiques réels ou perçus, vous gagnerez.

Il y a environ vingt ans, j'ai commencé à souffrir d'infections urinaires. À la suite de consultations auprès de spécialistes de toutes sortes et d'un tas d'examens, on me fit le diagnostic suivant : un seul de mes reins fonctionnait. Et si l'on ne put jamais en déterminer la cause, la réalité, c'est qu'il me manquait un organe. Ne voyant pas exactement comment je pourrais vivre ma vie avec un problème dont j'ai appris par la suite qu'il est assez courant, je demandai l'avis de mon médecin. Ce dernier me recommanda d'éviter toute activité exigeant un contact physique. Or à cette période de ma vie, ma passion, c'était le ski. Je devais donc faire un choix : ne plus m'adonner à ma passion puisque je pouvais tomber, ou choisir ce que j'appelle une «vie sans regrets», pour laquelle j'optai. En effectuant ce choix, je suis certain de vivre ma vie pleinement au quotidien.

En repensant à votre vie jusqu'à maintenant, ne serait-ce pas formidable si vous pouviez affirmer en toute honnêteté que vous avez fait tout votre possible pour devenir exactement ce à quoi vous aspiriez et que votre vie est remplie de victoires et exempte de bananes pourries?

Je suppose que nous sommes tous limités sur le plan psychologique, si c'est ainsi que nous choisissons de nous percevoir. Il y aura toujours quelqu'un au quotient intellectuel supérieur au vôtre, si c'est ainsi que vous voulez mesurer votre potentiel. Cependant, le monde est rempli de personnes incroyablement brillantes qui semblent ne pas pouvoir faire autrement que de se mettre des bâtons dans leurs propres roues, tandis que d'autres que l'on pourrait considérer moins intelligentes arrivent à accomplir des exploits. En fait, ces dernières ont simplement un plus grand désir de réussir. Elles refusent de se laisser étiqueter et, grâce à une volonté à toute épreuve et à une puissante éthique du travail, elles se créent des habitudes de battant. Qu'est-ce que cela peut faire que vous ne soyez pas le plus fin des renards ? C'est votre esprit d'initiative qui prime. Prenez simplement dès maintenant la décision de compenser vos lacunes par d'autres aptitudes. Faites tout ce qu'il faut pour gagner et n'oubliez jamais que pour mieux réussir votre vie, vous devez donner plus que vous ne prenez. C'est le contraire qui se produit lorsque vous mangez du céleri : vous perdez davantage de calories en mangeant que vous n'en consommez. Je suppose que si une personne ne mangeait que du céleri, elle finirait par disparaître complètement. Assurez-vous simplement d'apporter plus à la vie que vous ne lui prenez, et vos bananes tomberont d'elles-mêmes.

Il m'aura fallu des années passées à étudier les gens pour le comprendre, mais je suis finalement venu à la conclusion que nous gâchons tous notre vie : certains plus que d'autres et certains plus manifestement que d'autres, mais en définitive chacun de nous a ses petits moments de folie. Nous avons tous des barrières et des blocages émotionnels qui nous retiennent à l'état de statu quo et nous empêchent de progresser. Peu importe nos antécédents et le fait que nos chers parents aient tout fait pour créer l'enfant parfait, nous avons tous des blocages émotionnels qui nous empêchent de nous faire une meilleure place au soleil. Moi ? J'en ai plein. En fait, je bats peut-être même le record de bananes émotionnelles dont la plus importante est probablement mon manque de tolérance.

En effet, tous les jours, je m'efforce d'être plus tolérant vis-à-vis des autres et des situations de la vie, car je me suis aperçu que mon intolérance a nui à mes relations et m'a empêché d'être plus heureux. Ainsi, tous les matins je me réveille en sachant que pour profiter pleinement de la journée et des personnes que je rencontre, je dois être plus tolérant des autres et ne pas m'attendre à ce que tout soit parfait ou comme je le veux. Quelle que soit la nature de votre barrière émotionnelle *si* vous en avez une, pour améliorer votre vie vous devez accepter la vérité sur qui vous êtes, embrasser la personne que vous êtes et chercher consciemment à améliorer chaque jour de votre vie.

Si ce qui vous retient, c'est une barrière financière, il s'agit sans doute d'un manque d'argent. Après tout, je connais bien peu de gens qui en ont trop ! Ce type de banane pourrie peut détruire des mariages et des entreprises, et provoquer un stress terrible dans la vie de quiconque. Je pense que la quête de la prospérité financière est une attitude ancrée. L'argent se trouve en abondance dans l'univers. Il suffit d'être disposé à faire le nécessaire pour se le procurer, légalement, cela s'entend. Je ne connais pas un seul journal qui n'ait pas une section réservée aux offres d'emploi. Dans un monde où les gens suivent plus d'une carrière au cours de leur vie, il est peut-être temps d'explorer le marché du travail au-delà de ce que vous faites actuellement. Le changement, quoique affolant pour certains, est votre allié quand il s'agit d'améliorer votre état financier. Il y a toujours des gens disposés à en payer d'autres pour accomplir un travail. Si vous voulez franchir vos barrières financières, vous devez commencer par croire que vous méritez davantage et puis faire preuve d'une détermination et d'une éthique du travail accrues. Encore une fois, c'est l'esprit d'initiative qui prime, et les personnes déterminées trouvent presque toujours le moyen de réussir.

Les barrières sociales relèvent généralement de la façon dont vous vous percevez. Les personnes qui sont mal à l'aise dans certaines situations sociales se sentent généralement dévalorisées. Par manque de confiance, elles se détournent de leur chemin pour éviter des situations où elles sont mal à l'aise. Il est clair que si vous voulez progresser dans la vie, vous devez vous mettre dans des situations aptes à vous faire avancer. Ainsi, plus vous serez à l'aise dans les situations sociales, plus vous augmenterez vos occasions de franchir vos barrières.

Comment améliorer sa confiance en soi et son estime de soi? C'est simple: en s'attelant à la tâche et en cultivant chaque jour sa confiance. Le contact visuel serait un bon point de départ. En effet, les personnes qui ont peu d'estime de soi ont généralement du mal à établir et à garder un contact visuel avec les gens qui les intimident. Par conséquent, prenez la décision de surmonter votre inconfort: mettez-vous à regarder tous vos interlocuteurs droit dans les yeux et soutenez leur regard aussi longtemps que dure la conversation. Bien sûr, ce n'est pas confortable, mais c'est justement ce que nous cherchons à faire, nous mettre volontairement en situation d'inconfort, tant que nous n'avons pas franchi notre obstacle. L'inconfort est une bonne chose: il permet de grandir en tant que personne, et plus on est disposé à le subir, plus on a de potentiel humain. Ce serait aussi une bonne chose de faire un tour à la librairie. La section d'auto-apprentissage est remplie de livres portant sur la façon d'améliorer son estime de soi et sa situation de vie. Plus on est bien dans sa peau, plus on peut défoncer de barrières. Souvenez-vous que la vie que l'on se façonne ne peut être meilleure que ce que l'on pense mériter. Plus on s'aime, plus la vie s'améliore.

Ayant déterminé vos barrières personnelles, vous avez pour mission de vous engager à les franchir au jour le jour. Plus vous changez vous-même, plus vous changez votre vie. Devenez la meilleure personne qu'il vous est possible d'être et commencez à lâcher prise des bananes négatives et restrictives de votre passé. Plus vous lâcherez prise du passé, plus vous jouirez de l'avenir. Dans la vie, on a ce que l'on mérite et l'on acquiert le droit de mériter davantage en augmentant sa confiance en soi.

Rappelez-vous qu'il est normal d'avoir des bananes pourries ou des barrières : ce qui ne l'est pas, c'est de s'en servir comme excuses pour expliquer sa condition de vie.

Au fur et à mesure que vous vous améliorerez et commencerez à progresser au-delà de vos barrières, votre énergie mentale négative tombera littéralement d'elle-même. Pour se débarrasser de son énergie négative et devenir une personne plus positive et plus stimulante, il faut énormément de discipline sur le plan personnel. Il faut être extrêmement conscient de ses pensées parce que les pensées négatives peuvent affaiblir et affaiblissent effectivement le pouvoir personnel. Pour vous débarrasser de votre énergie négative, imaginez que chaque jour, vous devez sortir vos ordures mentales. Visualisez une grande poubelle dans laquelle vous jetez toutes les pensées restrictives ou négatives qui vous viennent à l'esprit. L'objet de cet exercice est de vous conscientiser vis-à-vis vos pensées

et en définitive vous faire vivre des journées composées uniquement de pensées et d'émotions positives, inspirantes et
sans limites. Imaginez une poubelle vide à la fin de chaque
jour. Combien votre vie y gagnerait si elle était exempte de
toute négativité et de toute limite.

Je pense que tout le monde a la même aptitude innée
d'exceller dans au moins un domaine de la vie. Trouver votre
domaine de grandeur personnelle et optimiser vos talents, voilà
la clé de la suppression de vos barrières. Pour encourager
vos talents naturels, vous devez vous tourner vers les choses
de la vie qui vous inspirent de la passion. Les personnes passionnées d'une meilleure vie pour elles-mêmes et pour les autres
s'en sortent vainqueurs. En effet, ce n'est que lorsqu'on a
découvert son véritable talent que l'on peut se créer une
stratégie de vie permettant de franchir toutes ses barrières.

Est-il facile de déterminer ses barrières et de s'y attaquer ?
Vous le découvrirez vous-même. Le changement peut être
très facile ou très difficile, cela ne tient qu'à vous. Si le fait
de lâcher prise du connu pour l'inconnu vous fait peur, c'est
normal. Subirez-vous des revers en cours de route ? C'est
possible, et si c'est le cas, c'est aussi normal. Le lâcher prise
de vos bananes dépend de votre ténacité et de votre désir de
persévérer quel que soit le défi. Dès que vous décidez de
n'accepter qu'un monde exempt de personnes, de situations
et de circonstances contraignantes, vous pouvez modifier
votre destin.

CLÉ Nº 4
Repérer ses bananes

– Ce que vous pouvez faire –

- Reconnaître que vous avez des bananes pourries ou barrières.
- Reconnaître honnêtement vos barrières.
- Cesser de vous juger.
- Faire ce qu'il faut pour vous améliorer chaque jour.
- Trouver votre passion.
- Faire ce que vous aimez et aimer ce que vous faites.
- Améliorer votre esprit d'initiative.

Ne vous laissez pas envahir par le découragement, et vous êtes sûr de réussir.
—ABRAHAM LINCOLN

Clé nº 5

Sortir vainqueur du jeu du blâme

Pour lâcher prise de ses bananes pourries, rien de tel que de prendre la responsabilité de sa propre vie. Peu importe la personne ou l'événement à l'origine de vos circonstances présentes, à partir de maintenant, c'est à vous de définir votre propre destin. Tout en étant libérateur, le sentiment de savoir que l'on est dorénavant responsable de son avenir peut être à la fois excitant et angoissant. D'une part, on a la liberté ultime d'imaginer l'avenir de ses rêves, et d'autre part on sait que dès l'instant où l'on assume la responsabilité de sa vie, le jeu du blâme doit cesser. À vous de décider.

Le jeu du blâme nous permet de mettre notre condition de vie sur le compte de forces extérieures. Lorsqu'un aspect de notre vie n'est pas à la hauteur de nos attentes ou de celles des autres, nous cherchons des personnes ou des situations qui puissent parfaitement expliquer pourquoi nous sommes tels que nous sommes. Plutôt que d'assumer l'entière responsabilité de notre propre vie, nous trouvons simplement plus facile et bien moins douloureux de trouver quelqu'un ou quelque chose à blâmer pour ce que nous n'avons pas encore accompli dans la vie. Le jeu du blâme est un mécanisme de défense de l'ego dont nous nous servons pour rester bien dans notre peau en justifiant et en défendant à la perfection notre situation de vie actuelle. Le jeu du blâme n'a rien à voir avec nos réalisations, mais nous y avons recours pour expliquer les domaines où nous n'avons pas réussi aussi bien que nous l'espérions.

À un moment ou à un autre, nous avons tous rejeté la faute de notre condition de vie sur quelqu'un d'autre, nos explications nous paraissant toujours très valables. Il importe peu de savoir comment vous avez hérité de votre régime de bananes ou de qui. N'oubliez jamais que la plupart des gens suivent leur propre programme de vie. Il est donc possible que votre situation actuelle soit influencée par autrui. Cependant, quelle que soit la façon dont vous en avez hérité, ce sont *vos* bananes et il est temps d'en prendre la responsabilité. Hormis les personnes qui assument leur propre vie, toutes celles que j'ai rencontrées dont la vie n'était pas parfaite pouvaient expliquer à la perfection les raisons pour lesquelles leur vie était ainsi; c'est leur histoire. S'il est toujours aisé de défendre son état de statu quo et son passé, construire un meilleur avenir requiert de la détermination, une volonté à toute épreuve et du courage. Si vous vous engagez à défoncer vos barrières personnelles et professionnelles, vous devez dès maintenant cesser de rejeter le blâme sur les autres. Il est temps de faire face à la réalité, et la réalité en ce qui concerne la plupart d'entre nous c'est que nos parents, nos professeurs et nos prédicateurs ont fait de leur mieux. Personne n'a eu une enfance ou une vie parfaite, et nous sommes tous aux prises avec toutes sortes de handicaps physiques, mentaux et émotionnels qu'il nous faut surmonter si vous voulons donner un sens de grandeur à notre vie.

Quelqu'un a dit que la raison pour laquelle le pare-brise d'une voiture est plus grand que le rétroviseur, c'est que l'on est censé passer plus de temps à regarder là où l'on va que là d'où l'on vient. C'est ainsi dans la vie également. Pour réussir, regardez en direction de là où vous allez et cessez de vous concentrer sur là d'où vous venez. Cessez de vous défendre et de vous expliquer, et acceptez le passé pour ce qu'il est : le passé. Si vous voulez défoncer toutes vos barrières et jouir d'une vie sans bananes pourries, vous devez accepter la responsabilité et la réalité, à savoir que vous pouvez influencer votre avenir bien plus que votre passé. Regardez en direction de l'avenir et voyez en votre situation présente le point de départ de votre croissance. Fini le jeu du blâme, à partir de maintenant acceptez l'entière responsabilité du reste du voyage. Votre passé est censé être un endroit de référence, pas un endroit de résidence. Vous pouvez en tirer des leçons, mais vous n'êtes pas obligé de vous y attarder. Plus vous choisirez de revivre et de ressasser votre passé, plus il vous sera difficile de vous façonner un meilleur avenir. Vous pouvez y faire référence et tirer des leçons d'événements passés, mais vous n'êtes pas censé y vivre. Acceptez-le pour ce qu'il est : ce qui vous a amené là où vous vous trouvez actuellement, rien de plus, rien de moins. Votre passé était prédestiné, mais c'est à vous de créer votre avenir et de l'améliorer en assumant la responsabilité des futurs événements de votre vie.

L'une des façons que j'ai trouvées pour mettre fin au jeu du blâme dans ma vie, c'est d'être très sélectif dans mon besoin d'avoir raison. Le besoin d'avoir raison s'accompagne presque toujours du besoin de mettre quelqu'un d'autre dans le tort. Pis encore, dès que l'on a décidé qu'une personne est dans l'erreur, il devient souvent difficile de communiquer efficacement avec elle, ce qui donne lieu à de l'acrimonie. Choisissez vos batailles et acceptez d'avoir tort et de ne pas défendre votre position. Il arrive que l'on accomplisse davantage en agissant ainsi qu'en cherchant à tout prix à avoir raison. Vous serez surpris du nombre de bananes dont vous pourrez vous défaire quand vous n'aurez plus à rejeter la faute sur quelqu'un d'autre pour vous donner raison.

Je sais par expérience que la qualité de vie d'une personne dépend souvent de ses décisions. Une fois que vous avez décidé de cesser de blâmer les autres, vous êtes en bonne voie de trouver la vie que vous souhaitez et que vous méritez.

Pour réussir dans la vie, vous devez décider de ce que vous allez faire «ensuite»: pas ce que vous planifiez de faire, pas ce que vous pensez faire, mais ce que vous allez effectivement faire. «Ensuite», voilà un mot puissant, surtout dans le contexte de croissance personnelle. Le fait de concentrer votre énergie sur la prochaine étape vous permettra de continuer à progresser dans la vie en n'accordant aucune, ou sinon très peu d'énergie à votre passé. «Ensuite», c'est votre avenir et c'est donc là que vous devriez mettre votre énergie mentale. Après tout, vous allez passer le restant de votre vie dans votre avenir, pas dans votre passé. Aussi, plus vous serez décidé à profiter de l'«instant présent» en planifiant la «suite», plus vous vous divertirez et jouirez de la vie. De surcroît, plus vous vivrez l'«instant présent» en vous concentrant sur ce qui viendra ensuite, moins vous éprouverez de sentiment de culpabilité.

La façon la plus facile de faire cesser le jeu du blâme dans sa vie, c'est de vivre au présent, de planifier son avenir et d'accepter son passé. Lorsqu'on vit au présent, la vie est plus valorisante et plus agréable. Lorsqu'on planifie son avenir, on a toujours de quoi se réjouir d'avance. Lorsqu'on accepte son passé, on commence à assumer sa vie. Cela me semble tout à fait sain !

Lorsque nous contemplons notre vie, surtout si nous ne sommes pas satisfaits de ce que nous voyons, nous avons tendance à chercher une solution à l'extérieur de nous-même. Eh bien, la réponse ne se trouve pas à l'extérieur, mais bien à l'intérieur de nous. Au lieu de chercher des solutions, vous pouvez décider dès maintenant d'être votre propre solution. À un moment particulièrement difficile de ma vie professionnelle, lorsque les affaires n'allaient pas aussi bien que je pensais qu'elles devraient, j'ai consacré pas mal de temps et d'argent à fouiller dans mon passé dans l'espoir de comprendre pourquoi je n'arrivais pas à progresser, mais sans grand succès. J'étais toujours aussi frustré. C'est alors qu'un ami me suggéra d'utiliser mon énergie à meilleur escient. Ses paroles transformèrent ma vie : « Oublie comment tu es arrivé là où tu es, me dit-il, et concentre-toi simplement sur la prochaine étape. » Je vis la lumière, et depuis lors ma vie est plus gratifiante. Cessez de chercher des solutions ailleurs : soyez votre propre solution. C'est cela que j'appelle prendre l'entière responsabilité de sa vie.

Pour cesser de blâmer les autres et assumer la responsabilité de sa vie, il faut aussi oublier tous ses sentiments négatifs envers soi comme envers les autres. Lâcher prise de son régime de bananes pourries est une décision saine, car tant que l'on est ancré à ses émotions négatives envers soi et envers les autres, on ne peut atteindre la grandeur personnelle. Les émotions négatives peuvent littéralement vous posséder, or pratiquement toutes ont trait à des événements ou à des personnes du passé. Il est donc impossible de se créer un meilleur avenir si ses émotions sont enracinées dans le passé. Excusez-vous pour ce que vous êtes et les autres pour ce qu'ils sont, abandonnez votre toge de juge et faites table rase de tous les événements passés négatifs afin de vous tracer le chemin d'un meilleur avenir. Par conséquent, lâchez prise et poursuivez votre chemin.

Éliminer ses craintes, ses inquiétudes et ses angoisses nécessite aussi de solides résolutions. Pour faire tomber toutes vos barrières et vous débarrasser de vos bananes pourries, vous devez être déterminé à changer d'attitude et à vous façonner une meilleure vie. Désamorcer sa colère envers les autres est une étape importante dans la poursuite de la santé et du bonheur. Lorsque vous êtes fâché, le sujet de votre colère, qu'il s'agisse d'une chose ou d'une personne, prend le contrôle de vos émotions, maîtrisant littéralement votre comportement. Vous perdez alors tout votre pouvoir parce que la colère que vous éprouvez envers les autres vous fait perdre le contrôle de votre vie; et lorsqu'on a perdu le contrôle de sa vie, il devient impossible de se créer un meilleur avenir. Il est également temps de vous débarrasser de vos craintes et de vos angoisses. Vos craintes, vos inquiétudes et vos angoisses étouffent votre imagination et lorsque celle-ci est restreinte, votre potentiel l'est aussi.

Je sais que lâcher prise de ses craintes est bien plus facile à dire qu'à faire; c'est en effet souvent le cas. Rappelez-vous simplement que c'est en surmontant les difficultés de la vie que vous formez votre caractère et créez des occasions pouvant mener vers un meilleur avenir. Pour défoncer ses barrières, il faut du courage. Or la meilleure façon de rassembler son courage, c'est de transformer ses craintes, ses inquiétudes et ses angoisses en tremplins aptes à vous permettre d'accéder à une certaine grandeur personnelle. La plupart de vos craintes et de vos angoisses sont le fruit d'expériences du passé et d'événements de la vie réels ou imaginés. Et si elles sont réelles, même si elles sont absurdes, vous savez déjà que la plupart de ces émotions prennent dans votre esprit une dimension qu'elles ne pourraient jamais avoir dans la réalité.

La plupart de nos craintes et de nos angoisses sont dues à un sentiment de manque de contrôle face à une situation ou à quelque chose. Dès le moment où vous acceptez la réalité, à savoir que vous ne pouvez pas contrôler tous les aspects de votre vie et que vous devez éventuellement faire confiance aux autres, vous êtes en bonne voie de défoncer vos barrières. Pour surmonter ses craintes et ses angoisses, il faut avoir confiance. Ainsi, lorsque vous renoncerez de votre plein gré au besoin de contrôler les situations et déciderez de faire davantage confiance à vous-même et aux autres, vos craintes se dissiperont. Rappelez-vous que si ce que vous cherchez ce sont des raisons de rester tel que vous êtes, vous n'aurez pas de mal à en trouver. Toutefois, si vous voulez surmonter les raisons et jouir d'une meilleure vie, c'est maintenant que vous devez lâcher prise du passé. Et si lâcher prise du passé n'est pas toujours chose facile, cela vaut toujours la peine de se débarrasser des émotions négatives qui y sont rattachées, de ses craintes, de ses inquiétudes et de ses angoisses.

J'ai eu mon permis de conduire à l'âge de dix-sept ans. Comme c'est le cas de tous les conducteurs novices, plus je pouvais passer de temps au volant, mieux c'était. J'adorais conduire. Conduire, c'était «cool», ça faisait adulte et c'était une excellente façon d'impressionner les copains qui ne conduisaient pas encore. Un jour, sans destination précise, ayant fait monter un groupe d'amis, je pris la direction du nord-ouest de l'État de New York dans le but de faire une balade en voiture. En tournant un coin, j'aperçus un jeune cycliste sur l'accotement de la route de campagne. Juste où moment où je le doublais, sans aucune raison apparente, celui-ci donna un coup de guidon malencontreux. Cela se passa très vite : la collision, le choc brutal, la bicyclette ratatinée et le sang du garçon, répandu sur mon pare-brise volé en éclats. Dire que ce fut une tragédie épouvantable, c'est bien peu dire. Ma vie changea en un instant, comme celle d'ailleurs de tous les passagers.

La police arriva sur les lieux ainsi que l'ambulance et nous fûmes tous transportés à la salle d'urgence la plus proche. Les minutes semblèrent des heures. Le médecin finit par venir nous informer que le jeune cycliste avait succombé à ses blessures à la tête, dues à la collision. Nous fûmes tous plongés dans une profonde affliction. On eut beau m'assurer que c'était un accident, que ce n'était pas de ma faute, cette tragédie continua de me hanter et me hante d'ailleurs encore. Une famille avait perdu un fils et nous fûmes tous marqués pour toujours par la notion de la fragilité extrême de la vie.

À la suite à ce grand malheur, la dernière chose que je voulais faire c'était de reprendre le volant, mais c'est cependant la première chose que les agents de police m'obligèrent à faire. Encore maintenant, les événements de cet après-midi-là me reviennent à l'esprit chaque fois que je double un cycliste, ce que ne m'empêchent pas de faire mon expérience passée et la peur de ce qui pourrait arriver. Pour bien vivre sa vie, il ne faut pas cesser de progresser, et ce, malgré son passé.

Pour lâcher prise de vos bananes et franchir vos obstacles personnels, vous devez faire de meilleurs choix. Vous
pouvez soit demeurer dans votre état de statu quo tout en reje-
tant la faute de votre avenir limité sur votre passé, ou prendre
la décision difficile d'accepter l'entière responsabilité du reste
de votre vie. En refusant de vous prêter au jeu du blâme et
en allant de l'avant malgré votre passé, vous prenez de façon
efficace la responsabilité de votre avenir. Une vie réussie n'est
qu'une série de bons choix. Plus vous vous concentrerez sur
la qualité de vos pensées, plus la vie tournera en votre faveur. À vous de décider. Faites un choix judicieux.

CLÉ N° 5
Sortir vainqueur du jeu du blâme

− Ce que vous pouvez faire −

- Accepter entièrement la personne que vous êtes.
- Pardonner aux personnes à qui vous en voulez.
- Assumer dès aujourd'hui la responsabilité de vos choix de vie.
- Vivre au présent, planifier l'avenir et accepter le passé.
- Lâcher prise de vos craintes, de vos inquiétudes et de vos angoisses − c'est un choix.
- Vous concentrer uniquement sur ce qui va se passer «ensuite».

Si tout semble sous contrôle, c'est que vous ne progressez pas assez vite.
—MARIO ANDRETTI

Clé nº 6

Les bananes, c'est dans la tête

L e goulot se trouve toujours en haut de la bouteille ! De la même façon, la plupart de nos barrières (bananes ou limites) existent dans notre tête bien avant de se manifester dans notre réalité. Le cerveau abritant l'esprit, lâcher prise de ses limites est un état d'esprit. Si vous voulez apporter des changements à votre vie, vous devez être prêt à modifier votre façon de penser. Ce n'est que lorsque vous serez disposé à penser au-delà de votre situation actuelle que vous pourrez améliorer sérieusement la qualité du reste de votre vie.

Nous avons tous entendu l'expression «C'est une chose terrible que de gaspiller un cerveau.» Et c'est bien vrai. La plupart d'entre nous traversent la vie sans réussir à utiliser leurs capacités mentales au maximum, loin de là. Plus vous vous servirez de votre cerveau comme d'un outil pour améliorer votre vie et défoncer vos barrières, plus vous connaîtrez une vie enrichissante.

J'aimerais pouvoir me rappeler où j'ai découvert les mots pleins de sagesse qui suivent car je trouve qu'ils expliquent bien l'importance d'assumer la responsabilité de l'environnement de notre cerveau.

- *Les chefs sont comme les aigles : ils ne se tiennent pas en groupe, mais seuls.*
- *Maîtrisez vos pensées… car elles deviendront vos paroles.*
- *Maîtrisez vos paroles… car elles deviendront vos actions.*
- *Maîtrisez vos actions… car elles deviendront vos habitudes.*
- *Maîtrisez vos habitudes… car elles deviendront votre caractère.*
- *Maîtrisez votre caractère… car il deviendra votre destinée.*

Lâcher prise de ses bananes pourries, c'est réaliser des progrès, adopter un nouveau comportement et prendre la décision de ne plus accepter dans sa vie les situations, les personnes et les choses qui vous retiennent. Aussi, le passage de là où vous êtes présentement à là où vous voulez être commence par la qualité de votre pensée. En effet, c'est directement de celle-ci que dépendra tout ce que vous créerez, et vous devez être prêt à changer des pensées si vous cherchez une autre expérience de vie. Vos pensées antérieures expliquent le comportement à l'origine de votre vie actuelle. Modifiez-les de façon positive et elles créeront de nouveaux comportements qui changeront votre vie et vous libéreront de vos limites personnelles et professionnelles.

Pour défoncer ses barrières, il faut vouloir aller de l'avant, malgré les obstacles du passé. Il faut avoir un sens de direction. Pour vous libérer d'un passé rempli de bananes pourries, vous devez concentrer toute votre énergie mentale sur l'avenir plutôt que de vous accrocher à de vieilles pensées et à de vieux comportements. Pour progresser au-delà de votre situation de vie actuelle, quel que soit le temps que vous y avez passé, vous devez penser, agir et vous imaginer clairement de l'autre côté de là où vous vous trouvez actuellement. Lorsque vous penserez, agirez et vous imaginerez au-delà de votre situation actuelle, votre vie changera pour le mieux et de façon constructive. Le temps est venu d'engager entièrement le pouvoir de votre cerveau à la création d'un meilleur avenir.

Ayant clairement imaginé ce que vous voulez, vous avez fait le premier pas vers la réalisation de vos rêves. Ainsi, pour modifier votre position dans la vie, vous devez changer ce que vous voyez dans votre imagination. Le subconscient est la partie du cerveau qui fonctionne à la façon d'un robot; alimenté par la répétition, par votre imagination et par vos décisions, il est à votre service. Mieux encore, il reçoit toujours vos souhaits comme des possibilités et consent invariablement à vos moindres désirs. Le subconscient ne pose pas de question, il ne fait que vous apporter ce que vous désirez.

Ce que l'on grave dans son subconscient y est perçu comme la vérité, et ce que l'on accepte comme la vérité peut en définitive devenir sa propre réalité. C'est exact; vous pouvez utiliser le pouvoir de votre cerveau pour accéder à la grandeur, vous débarrasser de vos barrières et modifier votre destin. Il vous suffit d'avoir une image parfaitement claire de vos désirs et de vos objectifs. Bien ancré dans vos désirs, vous pouvez comme par magie attirer dans votre vie toutes les occasions qui vous permettront d'obtenir ce que vous désirez. Voilà qui est convaincant ! Changez votre pensée et vous changez votre vie. Changez votre pensée et vous modifiez votre destin.

La clé d'une vie sans bananes pourries, c'est se définir seulement en fonction de ce que l'on sera une fois débarrassé de toutes ces bananes. Vous devez investir toute votre énergie physique et mentale dans l'image d'un nouveau moi libre de telles bananes. Prenez dès maintenant la décision de vous voir uniquement comme une personne qui ne s'accroche plus à son passé restrictif, et vous voilà libre. Désormais, vous ne pouvez plus vous permettre de vous vautrer dans votre passé ou de vous en servir comme excuse à votre situation de vie actuelle. Toute votre concentration, toute votre énergie, toutes vos actions, paroles, décisions et images mentales doivent converger vers ce que vous serez lorsque vous aurez atteint votre moi ultime. La réalisation du meilleur moi possible commence par une décision alimentée par une puissante image visuelle. C'est cette image qui vous fera agir, chacune de vos actions étant destinée à vous rapprocher de votre image du moi ultime. En conclusion, l'ensemble de vos pensées et de vos actions modifiera le dénouement de votre vie.

Donc, quand il s'agit de faire le nettoyage de son régime de bananes, rappelez-vous que rien ne vaut la clarté et la certitude. Vous devez être clair quant à vos désirs et sûr de votre capacité d'arriver à vos fins. En définitive, ces points de mire de vos visions deviendront votre réalité. *Il faut le voir… pour le devenir.* Tout succès débute comme une idée. Votre capacité d'illustrer vos idées par des images d'apparence réelle transformera votre vie.

Je ne dis pas qu'il suffit simplement de le souhaiter pour accéder à une meilleure vie. Comme le dit l'expression, « Si les désirs étaient des chevaux, même les mendiants pourraient s'offrir un cheval. » Souhaiter, c'est bien, mais cela ne suffit pas si l'on veut défoncer ses barrières et améliorer son existence. Les briseurs de barrières qui lâchent prise de leurs bananes restrictives savent que tout ce qu'ils veulent accomplir dans la vie doit être alimenté par une volonté de grandir sur le plan personnel et par une forte détermination. En progressant toujours mentalement dans le sens de vos désirs, vous vous distancez de votre passé restrictif. Pour aller au-delà de votre situation de vie actuelle, vous devez devancer vos pensées présentes, c'est-à-dire en être conscient à tout moment. En réalité, la plupart d'entre nous vivent leur vie sans réfléchir. Nous fonctionnons par habitude et consacrons très peu de temps à examiner l'effet de nos pensées et de nos actions sur notre existence. Nous nous contentons de vivre au jour le jour, avec le moins de désagrément possible. Ainsi, nous traversons la vie en nous en accommodant au lieu de chercher à faire de chaque jour le meilleur possible. Nous sommes enclins à croire que la vie que nous menons n'est pas plus mal qu'une autre, et cette pensée se transforme en croyance.

Or vos croyances passées quant à la qualité du reste de votre existence est à l'origine de votre vie actuelle. Pour vous créer une meilleure vie, vous devez avoir recours au pouvoir de votre cerveau pour vous détacher de vos croyances actuelles. Ce n'est qu'en lâchant prise de ces dernières que vous pourrez vous créer de nouvelles croyances en faveur d'un meilleur avenir. Se voir comme une personne libre des barrières du passé est à la fois stimulant et libérateur.

Les personnes qui ont un pouvoir de pensée sans limites et la capacité de visualiser une vie de liberté extraordinaire jouissent d'une sérénité personnelle inouïe. La sérénité est un élément clé de la qualité de vie. En plus d'être de compagnie agréable, les personnes heureuses et sereines influent positivement sur les autres et leurs servent de modèle à imiter. La sérénité est un choix que nous pouvons tous faire une fois que nous nous sommes libérés de nos bananes pourries. Pour atteindre cette tranquillité d'esprit, vous devez reconnaître vos succès passés et vous féliciter pour vos réalisations. Lorsque vous vous récompensez pour vos réalisations passées, vous vous donnez confiance et améliorez l'image que vous avez de vous. En étant mieux dans votre peau, vous serez plus apte à accomplir de grandes choses tandis que vous vous libérerez de vos limites et deviendrez plus dynamique et plus sûr de vous.

Rappelez-vous que vos pensées et vos images mentales sont les semences de votre grandeur personnelle et professionnelle. Votre grandeur dépend de votre imagination, et plus vous serez disposé à accepter et à visualiser une meilleure vie, plus vous serez libre du passé et de toutes ses limites. Lorsque vous faites participer votre imagination à votre vision d'une meilleure vie, vous voyez votre vie au-delà du prévisible. Le prévisible, c'est votre vie actuelle. Au-delà du prévisible se trouvent toutes les occasions dont vous aurez besoin pour défoncer toutes vos barrières et vous débarrasser des bananes pourries de votre passé.

Pour ce qui est de la réalisation de votre potentiel, plus vous investirez de temps dans la planification de votre avenir, meilleur il sera. Il n'y a pas de coïncidence dans la vie : on obtient généralement ce à quoi l'on s'attend et ce que l'on vise. Vous pouvez soit exister au jour le jour et simplement vous laisser porter par la vie, soit diriger votre énergie mentale sur la vision de ce que sera votre existence une fois que vous aurez atteint tous vos objectifs. Votre esprit créateur est en quelque sorte un mécanisme illimité qui vous permet d'accéder à une meilleure vie. En vous donnant des objectifs ambitieux, vous vous rapprochez d'une vie améliorée. Le fait d'oser penser au-delà du raisonnable et de vous aventurer dans des pensées extraordinaires vous procurera des occasions nouvelles et excitantes. Pour avoir des pensées extraordinaires, il faut cesser d'être logique et faire place à des pensées et à des plans illimités.

Dressez tous vos plans et prenez toutes vos décisions en ayant toujours en tête une bonne cause. Lorsque vous changez votre vie pour le mieux, que ce soit dans votre propre intérêt ou dans celui des autres, celle-ci prend une nouvelle signification et vos réalisations prennent davantage de valeur. En vous efforçant de faire pour le mieux, sachez bien que l'esprit logique suffit rarement à modifier une émotion ou un sentiment. La seule façon de modifier ses émotions, c'est de les remplacer par d'autres, et plus vous serez excité et passionné face à votre potentiel sans limites, plus vous irez au bout de vos rêves. Si vous pouvez l'imaginer, vous pouvez y accéder, à condition de payer le prix.

Rappelez-vous que la motivation et la volonté sont des notions bien différentes. La motivation tend à provenir d'une source extérieure et est souvent très éphémère. Je n'ai jamais vu une personne simplement motivée remporter dans la vie des succès à long terme. Par contre, les personnes que je connais qui ont la pulsion interne générée par la volonté pure semblent capables de miracles. Convaincues de pouvoir atteindre les objectifs dont elles ont une vision très claire, elles évoluent toujours dans le sens de leurs désirs. La volonté vient de la passion, et lorsqu'on est passionné par quelque chose, on tend vers la grandeur.

Parce que toutes les bananes sont dans la tête, plus vous maîtrisez vos pensées de façon constructive, plus vous avez de chances de réaliser votre plein potentiel. Lorsque vous maîtrisez vos pensées et vos images mentales, vous pouvez littéralement métamorphoser votre vie : pas juste la modifier, mais bien la métamorphoser. L'esprit fonctionne par des images, pas par des mots. Vos paroles créent effectivement dans votre esprit des images, et lorsque vous vous accrochez à celles-ci, votre vision peut devenir votre réalité. Quand vous vous servez de votre imagination pour obtenir ce que vous voulez, vous pouvez métamorphoser votre monde. Le pouvoir de l'esprit est impressionnant ; utilisez-le à votre avantage !

CLÉ N° 6
Les bananes, c'est dans la tête

— Ce que vous pouvez faire —

- Ne penser qu'à ce que vous serez une fois que vous aurez atteint votre moi idéal.
- Maîtriser vos pensées afin de maîtriser votre destinée.
- Avoir des pensées extraordinaires pouvant occasionner des résultats tout aussi extraordinaires.
- Toujours agir pour une bonne cause.
- Garder constamment l'esprit ouvert.
- Rechercher la sérénité.

Les trois facteurs essentiels à une vie exempte de bananes pourries

Comme c'est le cas de beaucoup d'entre vous, j'ai connu dans la vie ma part de stress, de conflits et de luttes. Certains vous diront que ce sont là les éléments qui servent à former le caractère, mais je suis pour ma part convaincu qu'il y a des tas de moyens de former son caractère sans souffrir et être malheureux.

J'ai eu la chance d'être entouré de personnes qui m'ont aidé à réaliser mon potentiel en prenant le temps de partager avec moi leurs recettes de succès personnel et professionnel. Grâce à ces différentes méthodes, j'ai métamorphosé ma vie en lâchant prise des bananes pourries de ma jeunesse. En fait, j'ai résumé tous ces conseils à ce que je considère être les trois facteurs essentiels à une vie libre de bananes de toutes sortes. Vous devez avoir la croyance que vous méritez une vie exempte de limites, d'obstacles, de barrières ou d'idées ancrées qui vous retiennent dans vos expériences passées. Souvenez-vous que votre passé doit vous servir de leçon, pas de modèle pour le reste de votre vie.

Ces trois facteurs sont les suivants:

1. être toujours disposé à apprendre;

2. observer une éthique du travail constante;

3. toujours savoir exactement où l'on va dans la vie.

Très peu de gens ont la capacité de métamorphoser leur vie de façon permanente sans aide extérieure. Si vous êtes prêt à admettre que vous avez besoin d'aide pour transformer votre vie, la première chose à faire, c'est de vous trouver un accompagnateur de croissance personnelle. Il y a toutes sortes d'accompagnateurs et dans bien des cas, un seul peut ne pas suffire à vous libérer de vos barrières. Il en existe pour tous les domaines de la vie, et une fois que vous savez exactement ce que vous voulez, vous pouvez trouver et trouverez inévitablement quelqu'un qui sera disposé à vous aider à atteindre ce à quoi vous aspirez sur les plans personnel et professionnel. Je crois que nous avons tendance à nous accrocher à notre confort. Or le confort, ce n'est pas une mauvaise chose, sauf s'il nous empêche de progresser dans la vie et que nous y restons enlisés. De par notre nature humaine, nous optons pour ce que nous connaissons, qu'il s'agisse de situations ou de relations. C'est cette soif de sûreté, de sécurité et d'habitude qui fait que souvent nous nous installons dans une vie normale plutôt que d'aller au-devant d'une vie excitante et stimulante. Nous tendons alors à ne plus rechercher la grandeur. C'est là qu'intervient notre accompagnateur.

Un accompagnateur est très différent d'un professeur. Le professeur vous dit ou vous montre quoi faire. L'accompagnateur quant à lui doit vous dire quoi faire, vous montrer comment le faire et aussi vous responsabiliser face à ces tâches. Un bon accompagnateur assume la responsabilité de vous tenir à votre tour hautement responsable, faute de quoi pas grand-chose ne change de façon permanente. Bien sûr, avoir un accompagnateur de croissance personnelle et être « accompagnable », ce sont là deux choses distinctes. Être accompagnable signifie littéralement donner à quelqu'un la permission de vous responsabiliser face à la poursuite de la grandeur.

L'entraînement et la responsabilisation sont les deux principaux facteurs en matière de succès sportifs. L'entraîneur assume la responsabilité de responsabiliser son joueur, lequel, s'il est décidé à gagner, fait ce que dit son entraîneur, même si cela ne lui plaît pas. De la même façon, un bon accompagnateur est un mentor qui établit un système grâce auquel la personne qu'il accompagne et lui-même évoluent vers un même objectif choisi de commun accord. Tous deux doivent être entièrement d'accord sur les résultats voulus. Il est de la responsabilité de l'accompagnateur de faire ressortir le meilleur côté de la personne qu'il accompagne, ce qu'il peut faire souvent en lui rappelant sans cesse ce qui est possible quand on est passionné par une vision. Rappelez-vous que ce que d'autres ont accompli, vous pouvez l'accomplir vous aussi. Aussi, les réalisations d'autrui peuvent être dépassées par quiconque, ayant une détermination à toute épreuve, est disposé à troquer ses croyances contre une plus grande vision.

Une bonne éthique du travail est le fruit d'un désir, de la détermination et d'un esprit de décision. Très souvent, notre éthique du travail est le fruit de nos observations tout au long de nos années de formation. Et si la plupart des gens croient travailler fort, le facteur déterminant de nos habitudes de travail peut être mesuré par les résultats obtenus. Nous devrions mesurer notre éthique du travail pas seulement par le nombre d'heures que nous passons à la tâche, mais par les résultats obtenus à force de temps, d'efforts et d'énergie investis dans le but d'améliorer la qualité de notre vie et celle des personnes de notre entourage. Une auto-évaluation réaliste est le facteur critique de l'évaluation de notre éthique du travail. À la fin de chaque jour, posez-vous la question suivante : Mes efforts de la journée m'ont-ils rapproché de ce que je veux vraiment, et ce, dans les délais que je me suis établis ? Si vous pouvez répondre honnêtement à cette question par l'affirmative, vous pouvez être sûr que votre éthique du travail va dans le sens des changements que vous voulez apporter à votre vie. Souvenez-vous que qui dit changement dit direction, et tant que vous continuez d'évoluer dans le sens de ce que vous désirez, vous finirez par vous défaire des bananes qui vous retiennent et réaliserez votre plein potentiel.

Si vous voulez atteindre la grandeur et inculquer une éthique du travail digne de gagnants aux personnes sur lesquelles vous avez quelque influence, assurez-vous de bien comprendre le concept d'« apprendre à gagner sa vie ». Abordez tout ce que vous faites avec l'état d'esprit d'une personne « prête à tout ». Personnellement, j'ai eu l'occasion d'occuper divers emplois au cours de ma vie :

- J'ai ramassé des bouteilles de boissons gazeuses afin de récupérer les deux cents de dépôt.
- J'ai pelleté la neige.
- J'ai ratissé les feuilles.
- J'ai chanté des cantiques de Noël chez des gens.

- J'ai livré des journaux.
- J'ai travaillé dans une pharmacie.
- J'ai été caissier dans un supermarché.
- J'ai déchargé les camions de provisions d'un magasin d'alimentation, réapprovisionnant les étagères pendant le quart de nuit.
- J'ai été caddy dans un club de golf.
- J'ai lavé les planchers d'un nettoyeur à sec.
- J'ai été serveur chez un traiteur.
- J'ai vendu des vêtements dans le Greenwich Village.
- J'ai dessiné et vendu des vêtements pour hommes.
- J'ai travaillé comme gardien à la morgue du Queens County City de New York.
- J'ai fabriqué des boîtes en aluminium chez Continental Can Company pendant le quart de nuit, tout en suivant des cours du jour de chiropraxie à l'université.

J'ai occupé tous ces emplois avant l'âge de vingt-et-un ans et je suis reconnaissant pour tous, même pour ceux qui me déplaisaient vivement. Bien décidé d'avoir une vie meilleure que celle que j'avais connue jusque là, j'étais prêt à tout pour améliorer mon avenir. D'aussi loin que je me souvienne, j'avais appris à gagner ma vie, et ces leçons me sont encore utiles aujourd'hui. Nous avons tous le choix de notre Qualité de Vie. Nous pouvons nous laisser porter par la vie ou l'encourager à nous stimuler. Lorsqu'on sait clairement ce que l'on veut et que l'on est prêt à en payer le prix, on fait le nécessaire. C'est alors que toutes les bananes de la vie mûrissent et deviennent sucrées et délicieuses.

Le comportement d'un briseur de barrières repose sur une décision consciente au niveau du cerveau; il doit ensuite se manifester dans tous les aspects de la routine quotidienne. C'est grâce au travail acharné et bien fait que les rêves deviennent réalité.

Quand il s'agit d'améliorer votre qualité de vie et de lâcher prise de vos bananes restrictives, rien ne vaut la clarté. Je suis convaincu *qu'une vision claire est le génie de toute création.* Dès que vous savez précisément ce que vous voulez dans la vie et ce que vous n'êtes plus disposé à accepter, vous vous rapprochez de vos objectifs. L'un des pays que j'aime le plus visiter c'est l'Italie, et la ville de Florence en particulier. Lorsque j'y suis allé la dernière fois, j'ai eu la chance de visiter le musée qui abrite la sculpture de David faite par Michel-Ange. On dit que ce dernier avait une image tellement claire de son *David* avant même de le sculpter, qu'il n'eut qu'à ciseler le bloc de marbre pour le faire apparaître. Voilà qui est parfait ! Cela s'applique aussi à vous. Une fois que votre vision est limpide, il ne vous reste plus qu'à éliminer tout ce qui n'a pas sa place dans la vie que vous souhaitez. Si vous savez ce que vous ne voulez pas et arrivez à vous en défaire, vous découvrirez la vie dont vous avez toujours rêvé.

La clarté, c'est la façon dont nous voyons les choses dans notre imagination. Nous avons appris visuellement la plupart de nos expériences de vie. En effet, nous sommes des êtres visuels et plus nous visualisons avec précision notre vie future, plus le pouvoir de notre subconscient nous rapproche des occasions qui modifieront notre destinée.

Une fois que vous savez clairement ce que vous voulez et ce à quoi ressemblent vos désirs, écrivez-le. Savoir ce que vous désirez ne suffira jamais tout à fait à vous faire lâcher prise du passé et à vous façonner un meilleur avenir. Vos désirs doivent être écrits noir sur blanc. À dire vrai, si ce n'est pas écrit, ça n'existe pas. Et pour étayer ces mots couchés sur papier, rajoutez-y une image visuelle. Plus vous savez ce que vous voulez, plus il vous sera facile de reconnaître les occasions lorsqu'elles se présentent. Afin de vous assurer que vos pensées et vos actions sont bien le reflet de ce que vous désirez et pas de ce que vous avez actuellement, vous devez vous habituer à «réfléchir à ce que vous pensez». Cela signifie que vous devez être bien conscient de vos monologues intérieurs et de vos pensées. Aussi, chaque fois que vous êtes assailli par des pensées qui limitent votre potentiel, vous devez rediriger votre énergie mentale afin de retourner dans la vie que vous visualisez. Cette action à elle seule aura un effet profond sur tous les moments de votre existence. Dès que vous aurez maîtrisé la capacité de surveiller de près vos pensées, vous remarquerez que vos jours sont bien plus agréables. Lorsque vous saurez exactement où vous vous dirigez, la route à suivre sera évidente.

Une existence exempte de bananes pourries attend quiconque a une vision claire, une éthique du travail formidable et un système d'accompagnement empreint de responsabilité.

CLÉ Nº 7
Les trois facteurs essentiels à
une vie exempte de bananes

– Ce que vous pouvez faire –

- Vous trouver un accompagnateur qui vous responsabilise.
- Vous engager à toujours respecter des normes d'excellence.
- Imiter les habitudes d'autres briseurs de barrières qui doivent aussi lâcher prise de leurs limites.
- Maîtriser votre processus de pensée.
- Améliorer votre éthique du travail.
- Créer une vision claire de votre avenir.
- Vivre au présent.

Clé nº 8

Ne pas avoir peur

Pour vivre une vie exempte de bananes pourries, vous devez définir et affronter vos craintes, et puis les surmonter. Aussi, même si selon la majorité des gens, la plupart de nos craintes ne se réalisent que rarement, il arrive souvent que nous soyons paralysés par la pensée de ce qui pourrait nous arriver si nous osons aller au-delà du niveau actuel de confort que nous nous sommes imposé. Lorsqu'on se met à accepter le fait que la plupart de ses craintes sont auto-infligées, on peut mieux maîtriser ses pensées.

Regardez les choses en face : la peur est une émotion des plus puissantes et des plus mobilisatrices. Elle peut consommer nos pensées, détruire des relations, nous limiter sur le plan professionnel et nous empêcher de vivre une vie sans limites. Les émotions de la plupart d'entre nous jouent un rôle important dans notre prise de décision. Nous avons tendance à peser nos décisions, à prendre en considération les conséquences de notre comportement et à évaluer ce qui pourrait nous arriver si nous changeons notre façon de vivre. Toute cette énergie mentale est à l'origine de véritables sentiments qui influencent très souvent nos décisions et notre vie. Le défi que représente une vie exempte de bananes redoutables est en définitive lié à la compréhension de nos émotions. Il arrive qu'en dépit de notre logique extraordinaire, nous restions enlisés dans ce que nous craignons le plus.

Pendant longtemps, j'ai couvert annuellement en avion près de 160 000 kilomètres. À force de passer autant de temps dans les airs, on finit par savoir distinguer les bruits normaux d'un aéronef de ceux qui ne le sont pas. Un jour, alors que je voyageais de Salt Lake City à Atlanta, un bruit violent se fit entendre à bord. C'était un bruit que je n'avais jamais entendu auparavant et qui semblait provenir de sous la cabine. Tous les passagers étaient effrayés, voire bouleversés. Presque instantanément, le jet se mit à perdre de l'altitude ou à faire ce qui fut défini plus tard comme une «descente rapide». Tout le monde était pris de panique et de vertige. On avait l'impression que l'avion n'en finissait pas de dégringoler. Finalement, le pilote nous informa que l'un des trois circuits de pressurisation à bord était tombé en panne et qu'il avait dû plonger de quelques centaines de mètres pour maintenir la pression dans la cabine. Je dois admettre que ce fut l'un des incidents les plus terrifiants que j'aie jamais vécus à bord d'un avion.

Je suis sûr qu'à la suite à cette expérience, certains passagers ont décidé de ne plus jamais monter à bord d'un avion, et ce, malgré les bilans de sécurité remarquables des compagnies aériennes. On peut soit permettre à ses craintes de dicter sa vie, soit au contraire s'en servir comme catalyseur de croissance personnelle. Tant que vos craintes ne vous empêchent pas de progresser, vous goûterez toujours à la richesse de la vie.

Rappelez-vous que si vous vous laissez bouleverser par vos craintes, toute la logique du monde ne changera rien à vos émotions. Dans ce cas, comment lâcher prise de ses craintes en vue d'une vie sans limites, une vie plus productive ?

C'est simple : en ayant recours à une émotion plus forte que la peur pour changer votre destin. Ainsi, même si malgré toute la logique du monde vous pouvez rester enlisé, une émotion encore plus forte peut entraîner des changements sur les plans personnel et professionnel. Disons que vous avez la phobie de parler en public et que vous éprouvez de la difficulté à faire une présentation devant un auditoire. C'est un problème courant. Nous accordons tant d'importance à notre besoin d'être apprécié que nous sommes paralysés à l'idée d'être rejetés par les autres.

Un de mes amis avait justement cette phobie. Déjà un homme d'affaires prospère, il savait bien que pour cette raison, son entreprise n'était pas aussi florissante qu'elle aurait pu l'être. C'était pourtant un homme dynamique et persuasif qui savait très bien communiquer en face à face mais, en présence de deux ou trois autres personnes, il perdait tous ses moyens, peu importe s'il les connaissait ou non. Quand il s'agissait de faire un discours, si court fut-il, il n'arrivait tout simplement pas à surmonter sa peur. Cependant, *la passion a raison de n'importe quelle crainte*. Un jour pendant une séance de travail, ayant discuté de son problème, nous nous mîmes à calculer exactement combien sa phobie lui coûtait. Les chiffres étaient impressionnants : une très grosse banane pourrie, malodorante et restrictive empêchait son entreprise de connaître un succès énorme. C'est à ce moment précis, confronté à la réalité de ce qu'il perdait mais qu'il pourrait gagner, qu'il fut pris de passion. En cette circonstance, le fait de comprendre ce qu'il pourrait réaliser pour lui-même, pour sa famille et pour ses employés souleva en lui un puissant désir de réussir au-delà de sa réussite actuelle.

Dans les affaires comme dans la vie, pour modifier sa destinée, il faut toujours être prêt à sacrifier les choses, les personnes ou les situations qui vous retiennent, au profit de ce qui importe davantage. Dès que vous affrontez vos craintes et décidez qu'il y a de gros avantages à vivre une meilleure vie, vous changez. Lorsque vous avez une vision limpide d'une vie améliorée et arrivez à définir ce à quoi vous allez devoir renoncer pour arriver à un niveau de bonheur, de santé et de prospérité supérieur, vous commencerez à lâcher prise de vos craintes et de vos bananes restrictives.

Déterminez vos craintes et sachez bien qu'elles vous empêchent souvent d'obtenir ce que vous désirez le plus. Vous finirez par les reconnaître et les comprendre au fil du temps et à force d'honnêteté et de courage. C'est alors que vous serez en mesure de gérer les émotions engendrées par la peur et de voir exactement ce que celle-ci vous coûte en qualité de vie. Une fois que vous aurez fait cela, vous pourrez chercher une raison passionnée ou une émotion plus forte afin de progresser au-delà de votre situation actuelle.

Tout cela pour dire qu'il est normal d'avoir peur. En fait, nous avons tous probablement connu des tas de moments et de situations où nous étions terrorisés. Pourtant, si nous repensons au passé, nous avons l'impression, la plupart du temps, d'avoir dramatisé nos craintes et nous nous demandons même parfois pourquoi nous avions si peur.

Souvenez-vous qu'avoir un peu peur, ce n'est pas une mauvaise chose. C'est à cela que l'on reconnaît la croissance personnelle et les nouveaux défis. Un ami m'a dit un jour : « Une chose qui ne fait pas peur manque d'intérêt. » Il ne faut cependant pas permettre à vos craintes de vous empêcher de lâcher prise des choses, des occasions, des personnes ou des emplois auxquels vous ne souhaitez pas nécessairement accorder une place dans votre vie.

La plupart des gens que je rencontre et qui veulent bien discuter de ce sujet me disent que leurs craintes se résument généralement à deux catégories distinctes.

La peur du rejet. Il s'agit de la peur associée à la façon dont les autres vous perçoivent, vous, vos actions et vos croyances. La plupart d'entre nous ont un tel besoin d'être acceptés par autrui que lorsque, pour une raison ou pour une autre, nous ne le sommes pas, nous avons l'impression de ne pas être à la hauteur. La clé du lâcher prise de ce type de banane, c'est d'améliorer l'image de soi. À partir du moment où vous avez confiance en vous, en vos croyances et en vos actions, vous êtes blindé contre ce que les autres pensent de vous, et toute crainte de rejet disparaît. Vous avez la responsabilité d'être la meilleure personne qu'il vous est possible d'être, et dès l'instant où vous permettez à vos craintes de l'opinion des autres de maîtriser votre vie, vous sacrifiez votre pouvoir personnel. La meilleure façon de surmonter la peur du rejet, c'est d'apprendre à améliorer les pensées et les sentiments concernant sa propre personne. La croissance personnelle a toujours raison de la crainte du rejet. Il importe aussi de savoir qu'il arrive que les pensées et les sentiments des autres à votre égard n'aient rien à voir avec la personne que vous êtes ou avec vos croyances, mais avec leur programme personnel. En effet, certaines personnes ont besoin de se valoriser en cherchant à dévaloriser les autres. Faites bien attention de ne pas laisser n'importe quoi s'infiltrer dans votre cerveau. Pas toute opinion n'est digne de vous faire dépenser de l'énergie.

La crainte des conséquences. Il s'agit ici de la crainte associée à ce qui risque de vous arriver si vous agissez d'une certaine façon. Rappelez-vous quand vous étiez à l'école : la maîtresse posait une question à la classe et pour répondre, il fallait lever la main. Certains enfants, ceux qui connaissaient la réponse, levaient la main immédiatement. D'autres, qui n'en avaient aucune idée, se dissimulaient derrière leur bureau dans l'espoir de devenir invisibles et de ne pas être interpellés. J'étais toujours surpris de voir comment la maîtresse semblait zoomer sur moi qui me cachais derrière l'élève assis devant moi, absolument pétrifié à l'idée qu'elle pourrait me demander la réponse et que, ne la connaissant pas, je serais mal à l'aise devant mes camarades. C'est cela, la crainte des conséquences : une peur extrême d'échouer à quelque chose. Mal à l'aise face à un échec, la plupart d'entre nous n'osent pas accomplir certaines actions par crainte de la perception des autres. Ainsi, nous limitons nos expériences et diminuons notre qualité de vie.

Par conséquent, la prochaine fois que vous éprouvez de la crainte, demandez-vous quelle en est la cause. La peur d'être rejeté ou la crainte de devoir subir les conséquences de votre comportement ? Quelle qu'en soit la raison, on surmonte ses craintes grâce à une passion sans pareil et à une image de soi améliorée, laquelle donne une telle assurance que les autres ne peuvent ni vous intimider ni vous blesser.

Vivre une vie exempte de bananes a son prix et surmonter sa crainte a un prix élevé. Lorsque vous choisirez de vous en acquitter, fort de la certitude qu'au-delà de la peur se trouve une occasion de progresser dans la vie, vous serez débarrassé des éléments qui vous retiennent.

CLÉ N° 8

NE PAS AVOIR PEUR

— CE QUE VOUS POUVEZ FAIRE —

- Confronter la peur et l'apprivoiser.
- Lire des livres sur les façons d'améliorer l'image de soi.
- Fréquenter des personnes qui possèdent les qualités auxquelles vous aspirez.
- Comprendre qu'un peu de crainte peut donner du piquant à la vie.
- Être sélectif quant aux personnes et aux choses auxquelles vous permettez d'influer sur vos sentiments.

Les choses que vous craignez le plus vous empêchent d'accéder à ce que vous souhaitez vivement.
—D. T. DRUBIN

Clé nº 9

Faire de la grandeur sa destinée

J e suis convaincu que nous sommes tous nés avec un potentiel de grandeur. La grandeur, c'est votre destinée si vous êtes disposé à comprendre que pour accéder à la grandeur à court ou à long terme, il faut le vouloir et y croire.

On ne peut pas vraiment connaître son potentiel de grandeur tant que l'on n'a pas accepté le fait que nous vivons tous dans un monde d'occasions illimitées. Ce n'est pas parce que vous ne voyez pas ces occasions de là où vous vous trouvez actuellement qu'elles n'existent pas. Vous devez simplement les chercher et y croire.

La croyance est un outil puissant. Avoir la croyance que l'on est prédestiné à une vie exempte de barrières ou de bananes pourries, voilà le fondement à partir duquel on peut modifier tous les jours de sa vie et se construire un meilleur avenir. Toutefois, simplement vouloir une meilleure existence ne suffit pas. S'il suffisait de caresser des désirs, nous aurions tous ce à quoi nous aspirons et ce que nous souhaitons. Souhaiter, c'est un début; réaliser c'est l'essentiel. Ce sont nos réalisations qui nous permettent d'accomplir davantage. C'est ce que nous croyons mériter qui nous donne la liberté de mettre à contribution notre possession la plus puissante : notre pensée.

Croire en une meilleure vie vous permet d'utiliser votre imagination à loisir. Et dès l'instant où vous êtes prêt à vous imaginer dans un état de grandeur, vous êtes en voie de découvrir une vie sans restrictions. J'ai toujours dit que toute réalisation commence par la question : Qu'est-ce qui est possible pour moi ? Lorsqu'on commence à se questionner sur ses possibilités, on donne libre cours à son imagination. Or l'imagination existe toujours en image. En effet, *imagination* signifie littéralement *images en action*. Pour se voir en situation de grandeur, il faut commencer par vouloir un meilleur avenir et être capable de le visualiser. Et c'est en ayant la croyance que l'on en est digne que l'on fait un pas de géant en direction de son potentiel. Rappelez-vous que vous avez été créé pour accomplir de grandes choses. Croyez-y fermement et vous serez surpris de voir se manifester comme par magie dans votre vie une foule de personnes et de situations merveilleuses.

Les occasions de nous construire un meilleur destin sont omniprésentes tous les jours de notre existence. Il suffit d'ouvrir les yeux pour voir les possibilités et augmenter notre pouvoir de prise de conscience. Plus vous chercherez des occasions, plus vous en trouverez. Récemment, j'entreprenais la dernière étape de mon retour à la maison, après un voyage d'affaires de dix jours particulièrement astreignant. Sur ce vol pour lequel on avait vendu plus de billets qu'il n'y avait de places, l'agente de bord demanda si par hasard quelqu'un serait disposé à céder sa place moyennant un dédommagement de la part de la compagnie aérienne, mais personne ne se porta volontaire. Cependant, lorsqu'elle annonça pour la seconde fois qu'on cherchait toujours un volontaire, ajoutant qu'un soldat en congé de fin de semaine devait se rendre auprès de sa famille, les passagers furent nombreux à se proposer. Pendant ce moment de bonté et d'attention pour autrui, peut-être quelqu'un a-t-il accompli sa destinée et atteint la grandeur.

Enfant, j'ai passé bon nombre d'étés dans les montagnes de Catskill situées au nord-ouest de l'État de New York. J'adorais aller à la pêche, ce que je faisais dès que j'en avais la chance. Mais avant de me rendre au lac Bailey, je devais trouver des vers. Comme personne n'en vendait et que de toute façon je n'avais pas d'argent pour en acheter, je devais gratter moi-même le sol. Je finis par apprendre qu'en soulevant assez de pierres, surtout après qu'il ait plu, je pouvais trouver des vers en abondance. Ce faisant, j'ai appris certaines leçons de vie importantes.

1. Si vous tenez à quelque chose, il se peut que vous soyez obligé de regarder sous les pierres pour trouver ce que vous cherchez. Une bonne part de l'expérience grisante de grandeur repose sur la découverte des occasions et sur la façon d'y réagir lorsqu'elles se présentent.

2. Habituellement, les réalisations requièrent des sacrifices. Si vous voulez quelque chose, vous devez être disposé à en payer le prix. Or, ce prix peut être élevé et se présenter sous bien des formes.

J'ai bien dit que vous êtes prédestiné à la grandeur, mais je n'ai jamais dit qu'il était toujours rapide, facile ou commode d'y accéder.

Je repense au décès de l'acteur Christopher Reeve. Connu pour son rôle de Superman et pour bien d'autres exploits dans l'industrie du spectacle, cet homme était prédestiné à la grandeur, j'en suis convaincu. Presque complètement paralysé à la suite d'un accident d'équitation, il endura des années de réhabilitation douloureuse, accomplissant des progrès au-delà de la plupart des attentes. Il passa neuf ans dans une chaise roulante d'où il continua de diriger des films, devint porte-parole pour la recherche sur les cellules souches et un important collecteur de fonds pour des recherches grâce auxquelles un jour, on l'espère, d'autres patients pourront se remettre de leur traumatisme médullaire. Je peux vous assurer que lorsqu'il était jeune et même la veille de son accident, il était loin de se douter que sa grandeur serait le résultat non intentionnel d'un malheur que la vie lui avait réservé.

Je suis sûr que vous avez déjà vécu des événements qui vous ont complètement dérouté et que j'appelle des événements « poutre » : la vie se déroule paisiblement lorsque tout à coup on a l'impression de recevoir une poutre sur la tête. Quand cela se produit, on a certains choix. On peut se laisser étouffer par la situation, se rendant ainsi inutile à soi-même comme aux autres, ou l'on peut regarder au-delà du prévisible et chercher l'occasion de grandir en tant que personne. Il importe de se rappeler que la qualité de vie dépend largement de la qualité de ses choix. Ainsi, lorsque vous vous trouvez devant l'occasion de modifier votre destin, sachez bien que les pensées sont des choses réelles à l'origine de l'énergie, laquelle engendre les résultats.

Nous ne pouvons jamais savoir ce que l'avenir nous réserve, et il arrive que l'on ne comprenne jamais comment on en est arrivé à sa situation de vie actuelle. Ce que nous savons néanmoins, c'est que notre destinée dépend largement de nos croyances et de notre comportement. Forts de cette information, nous pouvons en toute conscience faire de meilleurs choix et ainsi augmenter nos chances de trouver et de réaliser notre destinée. Devant le choix de pensées, je vous encourage à VOIR GRAND! Il ne faut pas plus d'énergie mentale pour développer des pensées hardies et sans contraintes qu'il n'en faut pour entretenir des pensées mesquines et des possibilités limitées. C'est bien d'avoir des pensées extraordinaires, tant que l'on comprend que pour jouir d'une vie admirable, une vie exempte de bananes pourries, il faut être prêt à agir avec audace. Ce n'est qu'ainsi que l'on peut attirer dans sa vie des résultats extraordinaires.

Récemment, j'ai aidé notre fille Jennifer à déménager de l'Arizona à Hollywood, en Califormie. Ayant obtenu son diplôme de l'Université de l'Arizona à Tucson, Jennifer avait énormément de difficulté à se trouver un emploi qui lui permît de mettre en application ses connaissances en création littéraire. Les postes qu'elle souhaitait semblaient impossibles à obtenir, et ceux qu'on lui offrait ne présentaient aucun intérêt dans le cadre de ce qu'elle voulait faire dans la vie.

Puis, comme par magie, Jennifer entendit parler d'un emploi dans une agence artistique de Beverley Hills, en Californie. Elle fit l'aller-retour en avion dans la journée, passa l'entrevue et quelques jours plus tard reçut la nouvelle qu'on l'avait retenue pour le poste. Jamais je ne l'avais vue aussi heureuse ou plus passionnée pour ce qu'elle faisait. Aussi, lorsque je lui demandai des nouvelles de son travail, je ne fus pas surpris de l'entendre me répondre quelque chose comme « Je m'amuse tellement que je n'ai pas l'impression de travailler. » C'est formidable !

Imaginez éprouver tous les jours une telle passion pour votre travail que vous n'avez pas l'impression de travailler ! Jennifer a trouvé son créneau; son travail convient parfaitement à la personne qu'elle est. Et elle l'a trouvé parce qu'elle se trouvait au bon endroit, au bon moment. Je suis convaincu que si vous prêtez réellement attention aux événements de votre vie et que vous faites les bons choix, vous finirez par vous trouver dans les situations qui vous conviennent le mieux.

> *Celui qui tombe par hasard sur la tâche pour laquelle il a été programmé est destiné à devenir roi de quelque chose.*
> —THOMAS CARLYLE

CLÉ № 9

Faire de la grandeur sa destinée

– Ce que vous pouvez faire –

- Voir grand !
- Vous rappeler que la grandeur, c'est un choix.
- Chercher à devenir plus conscient des occasions.
- Ne penser de vous que du bien.
- Embrasser la croyance que vous êtes digne d'une vie remplie de possibilités illimitées.
- Devenir le roi ou la reine de quelque chose.

Clé nº 10

Une vision d'avenir

Si vous voulez vous débarrasser de vos bananes pourries, il est extrêmement important de consacrer plus de temps, d'efforts et d'énergie à votre destination qu'à votre provenance. Parce qu'il est impossible de penser à plus d'une chose à la fois, lorsque vous mettez votre énergie mentale dans votre avenir, vous faites de votre passé une expérience de vie et créez l'environnement d'un meilleur avenir. S'il est bon de vous rappeler vos merveilleuses expériences passées, lorsque vous détournez votre énergie mentale sur des éléments restrictifs ou négatifs, vous courez le risque de répéter certains mauvais comportements.

Nous devenons ce à quoi nous pensons la plupart du temps, et les choses sur lesquelles nous nous concentrons ont toutes les chances de devenir notre destin. N'oubliez pas que les pensées sont des choses bien réelles, chargées de pouvoir et d'énergie. Par conséquent, soyez-y attentif car les choses auxquelles on pense se réalisent. Vous devez donc littéralement vous engager à contrôler votre pensée ainsi que les mots que vous utilisez pour exprimer vos pensées et vos sentiments. Le reflet direct de la qualité de votre pensée, vos paroles révèlent toujours la qualité de votre attitude mentale. Pour vous débarrasser de votre passé et transformer tous les aspects de votre avenir, vous devez commencer par prêter attention au moment présent et puis seulement, à votre avenir. En fait,

tout ce que nous avons, c'est le *présent*. Pour profiter de toutes
les bonnes choses de la vie, nous devons être reconnaissants
pour ce que nous avons et reconnaître que chaque moment
de la vie est un cadeau qui peut nous être repris n'importe
quand. Cette réalité ne doit pas vous inquiéter ou vous dépri-
mer, mais plutôt vous inciter à partager votre énergie mentale
entre ce que vous possédez et ce à quoi vous pouvez vous
préparer. Et si la vie est parfois remplie de surprises, certaines
meilleures que d'autres, la plupart du temps quand il s'agit
de se créer un avenir, on tire son expérience des points sur
lesquels on concentre la plus grande part de son énergie.

Parce que nos paroles déclenchent nos images visuelles,
lesquelles déclenchent à leur tour nos pensées, plus nous nous
accrochons aux travers de la vie, plus nous nous rapprochons
d'une vie peu valorisante. Par conséquent, habituez-vous à
prêter davantage attention à là où vous mettez votre énergie
mentale, et surveillez ce que vous dites, car vos paroles sont
les miroirs de vos pensées. Plus vous vous concentrerez sur
ce que vous voulez et uniquement sur cela, plus vous remarquerez que la vie devient divertissante. C'est une question
de victoire de la pensée sur la matière et de la pensée sur les
mots. Si quelque chose n'a pas grande importance, n'y con-
sacrez pas d'énergie mentale; et s'il ne vaut pas la peine
d'en parler, n'en parlez pas.

Il m'aura fallu des années pour apprendre à me retenir
de dire certaines choses qui me traversent l'esprit. J'ai appris
que lorsqu'il est question de succès personnel ou professionnel,
les gens sont bien plus impressionnés par ce que j'accomplis
que par ce que je dis. Et plus je deviens maître de ma pensée,
plus ma vie devient facile. Le secret, c'est de vivre le moment

présent et de profiter de ce qu'il offre, tout en planifiant très soigneusement l'avenir. Après tout, c'est là que vous passerez le reste de votre vie. Et tout en planifiant, rappelez-vous la vieille expression selon laquelle l'homme propose et Dieu dispose. En matière d'avenir, certaines choses dépassent tout simplement notre capacité de compréhension et de contrôle. Parfois il n'y a rien d'autre à faire que de braver la tempête, se cramponner et s'accrocher à la croyance que tout événement a été conçu dans le but de nous donner une leçon de vie et de nous endurcir en vue des défis de l'avenir.

Pour se créer une vision améliorée et réaliser sa vision d'avenir, il faut consacrer quelques minutes tous les jours à la répétition mentale des résultats souhaités. Autrement dit, il faut imaginer son avenir avant de pouvoir le vivre dans la réalité de sa vision. Il est essentiel de visualiser tous les jours ce que l'on veut, si l'on veut vraiment transformer sa vie. La vie est une perception, une illusion, une création de notre imagination, ou encore tout simplement l'acceptation de ce que les autres pensent que nous devrions être. Or, ces derniers peuvent percevoir notre existence tout à fait différemment de nous. Vous serez surpris par votre capacité illimitée de vous créer une nouvelle vision grâce à votre pouvoir de visualisation. Et rien au monde ne pourra mieux transformer vos rêves en réalité que la croyance que vous méritez ce que vous souhaitez.

Une fois que vous avez compris que vos pensées et votre imagination ont le pouvoir de modifier votre destin, vous voilà en possession d'un puissant outil. Changez votre façon de penser et vous pouvez transformer votre vie. Changez ce que vous voyez dans votre imagination et vous transformez votre destin. Si vous êtes déterminé à intégrer votre vision d'avenir dans votre vie, demain est comme un journal dont les pages sont encore blanches. À vous de définir votre avenir et de vous créer une nouvelle réalité. Dès l'instant où vous pouvez voir et imaginer un meilleur avenir, vous avez fait un pas dans le sens d'une croissance personnelle et d'une vie sans limites.

Enfant, jamais au grand jamais je n'aurais pu imaginer que je vivrais la vie qui est maintenant la mienne. J'étais convaincu que certaines personnes avaient tout simplement de la chance, que leur destin avait été tracé par d'autres ou par un programme de vie extraordinaire au-delà de leur contrôle. Dès que j'eus saisi que mon cerveau avait la capacité de s'accrocher à une vision et à des croyances pour en faire ma réalité, j'eus l'impression de posséder quelque pouvoir magique. Je trouvai la liberté dans le fait de pouvoir imaginer mon avenir et de transformer cette vision en réalité.

Un jour, alors que je traversais un quartier très aisé de New York à la recherche d'un endroit où construire une maison, je tombai sur un magnifique bout de terrain. Situé sur la côte dorée de Long Island, c'était exactement ce que j'avais imaginé. Ayant repéré l'agent immobilier qui en gérait la vente, je fus atterré par le prix demandé, soit le double de ce que j'avais économisé pour une terre. Cela semblait donc bien au-delà de mes moyens. Pour empirer les choses, aux dires de l'agent, le propriétaire voulait être payé en une seule fois et en argent comptant. Pendant des semaines, je ne pensai plus qu'à ce terrain et à combien j'aurais voulu habiter là. J'avais la vision d'une magnifique maison moderne entourée d'arbres splendides, avec une piscine à l'arrière et un court de tennis. L'idée de vivre à cet endroit occupait tout mon temps libre. Lorsque je n'avais rien d'autre à faire, je me rendais sur place et, debout à côté de ma voiture, je visualisais la maison de mes rêves située parmi les arbres. Bien sûr, je n'avais aucune idée que cette image pourrait finir par devenir ma réalité. Je savais seulement très clairement ce que je voulais.

Une vision claire demeure le génie de toute création, et il suffit de savoir avec précision ce que l'on veut et d'avoir confiance que le «comment» se fera tout seul. Je suis convaincu que les choses que vous voulez dans la vie vous veulent en retour. Bref, un soir que je regardais la télévision, je tombai sur un téléfilm intitulé *A Whale for the Killing*. C'était l'histoire d'un homme dont le voilier avait échoué lors d'une tempête, le laissant lui et sa famille en rade dans un village de baleiniers, en attendant que son bateau soit réparé. Tandis qu'il patientait, une baleine se retrouva prisonnière d'une lagune. C'était là une bonne nouvelle pour les villageois, car les baleiniers, qui rentraient bredouilles depuis quelque temps, auraient enfin la chance de tuer une baleine pour vendre son huile, et ainsi générer des revenus bien nécessaires. La pensée de tuer cet animal semblait tellement inconcevable à l'homme que lui et sa famille lancèrent une campagne évidemment très mal reçue pour le sauver. Inutile de dire qu'ils eurent à faire face à une grande résistance de la part des habitants. Toutefois, plus ces derniers voulaient tuer la baleine, plus l'homme était résolu à la sauver. Et plus l'histoire avançait, plus j'étais ému par sa détermination. Je fus inspiré par son dévouement à un principe et par sa croyance qu'il pourrait, malgré les conditions très défavorables, changer le cours de la vie des villageois et sauver la baleine.

Quand il s'agit de modifier son destin personnel et professionnel, il est très utile d'avoir une vision claire et une bonne dose de passion pour ce que l'on désire. Si vous croyez plus que vous ne craignez, vous pouvez améliorer votre vie. Plus déterminé que jamais de m'approprier ce terrain, je téléphonai à l'agent immobilier en lui demandant de m'organiser un rendez-vous avec le propriétaire. Il commença par me répondre que ce dernier ne rencontrait que rarement les acheteurs potentiels et qu'aucune négociation ne serait possible. Ignorant son avis, j'insistai et finis par obtenir le rendez-vous qui se déroula à merveille. En effet, l'acheteur fut si touché par ma vision de ma maison sur son terrain qu'il me le vendit sur-le-champ après avoir ajusté son prix. Dans cette situation, j'avais le choix : renoncer à mon idée et trouver toutes sortes d'excuses à ma situation défavorable ou m'accrocher à ma vision, concentrer mon énergie, faire preuve d'esprit d'initiative et foncer comme si je ne pouvais que réussir.

Lorsqu'on a une vision claire de ce que l'on désire et des étapes nécessaires pour parvenir là où l'on veut, et que l'on investit entièrement son énergie mentale et physique dans son avenir et dans ses objectifs, on fait pencher la balance en faveur du succès.

Rappelez-vous qu'en matière d'avenir, vous pouvez faire votre propre choix ou laisser les autres choisir pour vous. Je vous recommande vivement de prendre entièrement le contrôle de votre vie et de vous efforcer de faire de votre vision d'avenir votre réalité. Vous pouvez être certain que vous avez la capacité illimitée de visualiser une meilleure vie. Soyez assuré que plus vous vous accrocherez à cette vision et vous verrez entouré de tout ce que vous imaginez, plus votre vie s'améliorera. Puis, gardez à l'esprit une vision claire et n'hésitez jamais à progresser dans le sens de ce que vous souhaitez. Rappelez-vous que prendre la responsabilité de votre destin, c'est atteindre le point culminant de toute croissance personnelle et de toute réalisation, et que lorsque vous acceptez cette responsabilité et agissez avec audace, vous modifiez votre avenir.

Il serait bon de vous poser la question suivante concernant votre avenir : «Si ma vie n'était pas ce qu'elle est, à quoi ma nouvelle vie ressemblerait-elle ? Lorsque vous pourrez répondre à cette question et visualiser très précisément votre nouvelle vie, votre aptitude à penser sans vous limiter sera davantage sollicitée. Puis, si vous prenez le temps de rédiger une description précise de votre nouvelle vie et de vous concentrer sur cette image au quotidien, vous verrez se présenter les occasions nécessaires à une métamorphose de votre destinée. Comme par magie, il vous arrivera des choses merveilleuses tandis que votre avenir commencera à refléter les points sur lesquels vous concentrez votre énergie mentale.

Il ne vous reste plus qu'à mettre votre confiance en quelqu'un qui saura vous appuyer tandis que vous travaillez à votre avenir. Cette personne doit pouvoir vous servir de banc d'essai et vous encourager à atteindre la grandeur, sans jamais juger votre vision ou vos motifs, à moins d'être convaincue que vous faites fausse route. Dans ce cas, elle remettra en question votre objectif afin de s'assurer que vous agissez en toute clarté d'esprit et en toute détermination. Ce partenaire de persévérance est en quelque sorte votre meneur de claque, votre boussole morale et votre entraîneur face à l'avenir, tout cela réuni en une personne aimante, sincère et digne de confiance.

Rappelez-vous que très peu de gens peuvent atteindre la grandeur d'eux-mêmes. Les modifications apportées à la vie tendent à être le fruit d'un effort d'équipe, et plus vous aurez de supporteurs, plus vous serez incité à prendre les mesures nécessaires pour vous façonner un avenir plus prometteur.

CLÉ Nº 10
UNE VISION D'AVENIR

– CE QUE VOUS POUVEZ FAIRE –

- Vous concentrer uniquement sur ce que vous souhaitez *vraiment*.
- Vous imaginer clairement en train de vivre la vie de vos rêves.
- Coucher votre vision d'avenir sur papier. Rappelez-vous que si ce n'est pas écrit, ça n'existe pas.
- Vendre votre vision à au moins une personne qui compte pour vous.
- Vous voir comme quelqu'un qui mérite entièrement la vie que vous imaginez.
- Ne jamais hésiter à réagir aux occasions lorsqu'elles se présentent.
- Demeurer résolu, passionné et persuasif.

*Les choses n'ont que
le sens qu'on leur donne.*

Les habitudes des héros

J'ai toujours été convaincu que l'on peut faire tout ce que d'autres ont fait. Votre capacité de contempler et d'étudier les exploits des autres vous servira d'inspiration. Dès l'instant où vous contemplez et admirez la grandeur d'une autre personne, vous pouvez utiliser cette image comme catalyseur de votre propre succès. Et si les histoires à succès peuvent être bien différentes, certains comportements, traits de caractère, habitudes et caractéristiques se retrouvent chez la plupart de vos héros.

Si vous êtes vraiment déterminé à vous assurer une vie sans bananes pourries, je vous conseille d'étudier, d'assimiler et puis d'imiter les actions des autres qui ont accompli des exploits sur le plan personnel ou professionnel. Le succès de gens dont vous avez lu l'histoire ou qui ont énormément influencé votre vie de façon positive devrait vous servir de modèle de vie sans limites. Ces histoires à succès devraient être pour vous une source d'inspiration et vous rappeler sans cesse ce que vous pouvez accomplir si vous vous y mettez corps et âme. Les héros ont appris à se débarrasser des bananes pourries de leur vie pour atteindre la grandeur. Comme c'est souvent le cas, quand vous serez prêt à redessiner votre avenir, vous serez confronté à des choix, et si vous faites les bons, vous vaincrez!

Si vous êtes comme moi, vous auriez probablement du mal à nommer les trois meilleurs cyclistes au monde. Bien sûr, tout le monde connaît Lance Armstrong, mais qui d'autre à part lui ? Plusieurs fois vainqueur du Tour de France malgré son cancer, Armstrong est pour moi un véritable héro, pas seulement pour ses exploits, mais du fait des difficultés et des obstacles qu'il a dû surmonter pour atteindre la grandeur.

Ne s'accordant qu'une dizaine de jours de répit par année, en période de compétition, il parcourt environ 1 125 kilomètres par semaine pour garder sa forme. En payant le prix de l'excellence, il a atteint la grandeur et tout ce qui est inhérent à un rendement de niveau international. Lorsqu'on travaille avec diligence à la réalisation de ses rêves et que l'on applique des normes élevées à toutes ses actions, on est en voie de devenir un héro.

Voici une liste d'habitudes à prendre qui, je crois, vous aideront à trouver ce que la vie a de mieux à offrir.

1. *Un sens aigu des priorités.* Il est essentiel de prendre le temps d'organiser sa vie et d'avoir un sens clair de ses priorités personnelles et professionnelles si l'on veut connaître un meilleur avenir. Parce qu'il est impossible de concentrer son énergie sur plus d'une chose à la fois, il faut avoir les idées très claires de ce que l'on veut vraiment. Je vous recommande de commencer chaque journée avec une liste de choses à faire et de vous attaquer à ces tâches une à la fois, en faisant en sorte de vous concentrer sur celles qui influencent votre vie d'une façon positive. Plus vous persévérerez et saurez ce qui est important pour vous, plus vous éprouverez un sentiment de réalisation. Les réalisations sont une question d'habitude.

Une fois que vous avez pris l'habitude d'accomplir tout ce qui peut être accompli tous les jours de votre vie et lorsque vous entreprenez sans relâche la poursuite de vos rêves, vous êtes en bonne voie de devenir un héros.

2. *Une clarté visuelle.* L'image mentale que vous avez de votre avenir une fois que vous vous êtes libéré de toutes vos limites doit être limpide dans votre esprit. Plus elle est claire, plus vous donnez libre cours à votre pouvoir d'attraction. En précisant votre vision et en vous accrochant à ses détails, vous vous rapprochez d'une vie qui reflète davantage celle que vous imaginez que celle que vous vivez. C'est pourquoi il est si important que vous sachiez exactement ce que vous voulez et que vous mettiez toute votre créativité et toute votre imagination dans l'amélioration de cette image.

Les héros, dans tous les domaines de la vie, se servent toujours du pouvoir de leur esprit pour visualiser le résultat avant même qu'il ne se produise. Rappelez-vous que la vision engendre la réalité. Et ce n'est pas tant la nature de sa vision que la façon dont celle-ci modifie sa façon de penser et d'agir qui compte quand il s'agit d'obtenir ce que l'on veut. L'esprit fonctionne par les images, non par les mots. Les paroles servent à créer des images. Les personnes sans limites savent que la seule chose qui importe vraiment, c'est la qualité du dénouement de leur vie. Elles passent tant de temps à se concentrer sur le dénouement éventuel de leur vision et de leurs actions qu'elles n'ont jamais le temps d'imaginer autre chose que ce qu'elles veulent. Ainsi, lorsqu'on jouit d'une clarté visuelle et d'une bonne dose de certitude face à ses aspirations, on est en bonne voie de découvrir une existence exempte de bananes pourries.

3. *Une aptitude à surmonter l'adversité.* Si vous êtes vraiment décidé à atteindre la grandeur dans quelque domaine de la vie que ce soit, vous devez comprendre qu'il vaut parfois la peine de se battre pour obtenir ce que l'on veut... mais qu'il arrive de perdre quelques batailles en cours de route. Je n'ai jamais rencontré qui que ce soit qui ait réussi dans la vie sans rencontrer des difficultés personnelles ou professionnelles tandis qu'il évoluait dans le sens de ses désirs. Attendez-vous à subir des bas en cours de route et faites ce que font les personnes au comportement de héros : à la suite d'un échec, relevez-vous, toujours et encore. Cette attitude qui consiste à ne « jamais céder ou baisser les bras » prime dans l'esprit de ces personnes et se reflète dans leur comportement. En faisant toujours davantage preuve de souplesse face à l'adversité et en suivant le cours de la vie, elles déterminent leur propre destinée. Lorsqu'on adopte une approche réaliste face aux hauts et aux bas de la vie, on est plus heureux et l'on connaît une vie plus satisfaisante et moins frustrante. Assurez-vous simplement que vous évoluez toujours dans le sens de ce que vous désirez.

4. *L'habitude d'en faire plus.* Vos réalisations dépendent en grande partie de votre capacité de regarder une situation en face et d'en faire une évaluation éclairée. La plupart des événements de la vie nous donnent l'occasion d'optimiser notre potentiel. Il y a des gens qui vivent leur vie en cherchant à accomplir le moins possible alors que d'autres accomplissent ce qu'ils doivent – et même davantage ! Je suis sûr que vous vous êtes déjà trouvé dans des situations où vous pouviez simplement terminer une tâche ou bien aller au-delà de toutes les attentes en cherchant la perfection. En repensant à vos réalisations, demandez-vous si vous avez fait tout votre possible.

Puis terminez ces tâches en cours et vous aurez adopté une habitude essentielle aux héros. En faisant tous les jours de votre mieux, en visant la réussite absolue, vous accomplirez davantage et éprouverez de forts sentiments de pouvoir et de satisfaction. Rappelez-vous que les actions constructives occasionnent un avenir plus intéressant. Occupez-vous, restez productif, et tirez le maximum de vous-même et de chaque jour de votre vie.

5. *Une bonne conscience de soi.* Les héros savent bien qu'ils ne peuvent pas se créer une vie meilleure que ce qu'ils méritent. C'est pourquoi les personnes qui veulent vivre une vie sans limites passent tant de temps à se perfectionner. Voici la clé: consacrer plus de temps à sa croissance personnelle qu'à celle de son entreprise ou de tout autre aspect de sa vie personnelle. Le succès dépend de l'image que l'on a de soi, tout comme l'échec malheureusement. Dans la mesure où l'on prend l'habitude d'apprendre et de grandir tout au long de sa vie, on ne fait qu'améliorer toutes les occasions qui se présentent. Et lorsqu'on réagit à ces dernières, on se rapproche de la grandeur et d'une vie sans contraintes. Rappelez-vous que l'on ne peut se créer une vie qui dépasse les limites de l'image que l'on a de soi et que plus on améliore l'image de soi et de ce que l'on pense mériter, plus on réussit dans la vie.

6. *Des pensées et un comportement non conformistes.* Il vous faudra éventuellement reconnaître à quel point vos actions sont déterminées par l'opinion des autres. Si vous vivez votre vie en pensant comme quelqu'un d'autre veut que vous pensiez et en vous comportant comme d'autres souhaitent que vous vous comportiez, c'est que vous avez cédé votre liberté à ces personnes. Pour vous débarrasser des limites de

votre passé, vous devez être disposé à penser et à agir à un tout autre niveau. Vivre sa vie pour faire plaisir aux autres ne semble jamais donner de bons résultats à long terme : on se retrouve dans un état de statu quo sur le plan personnel en plus d'éprouver du ressentiment face à la vie. Votre plus grande possession, c'est votre capacité d'imaginer des choses extraordinaires et d'agir avec audace pour vous rapprocher de ce que vous souhaitez. Les héros passent beaucoup de temps à penser et à agir au-delà des attentes des autres. Ils ont une bonne image d'eux-mêmes, ne craignent jamais de se heurter aux idées reçues et ont compris que dans la plupart des cas, si tout le monde fait la même chose de la même manière, il y a probablement une meilleure façon de s'y prendre. Lorsque vous acceptez la responsabilité d'améliorer votre pensée et d'agir en fonction de celle-ci, votre comportement change et votre vie prend une autre tournure.

7. *Des rêves irréalistes*. Les héros savent qu'avec une imagination fertile, on peut surmonter n'importe quelle barrière. Prêts à oublier comment s'y prendre, ils ont toutefois une image limpide de ce qu'ils doivent faire. Quand on est sûr de ce que l'on veut, on trouve le « comment » dans les différentes occasions qui se présentent. Souvenez-vous que nous nous imposons nos propres barrières et que la plupart du temps, celles-ci sont le fruit de notre imagination. Plus on se concentre sur ce que l'on veut et sur la façon de se le procurer, moins on a d'énergie mentale à consacrer à des pensées restrictives.

La vraie fonction de l'homme est de vivre, pas d'exister.
—JACK LONDON

Si l'on vous a déjà dit que vos rêves et vos aspirations doivent demeurer réalistes, rappelez-vous que ce type de conseil porte à viser bas. La question à vous poser est en fait la suivante : « Sans limites, qu'est-ce que je pourrais accomplir ? Lorsque vos rêves ont une portée illimitée et que vous pouvez vous y voir, vous améliorez votre vie. Vous avez été conçu pour atteindre la grandeur; ne vous contentez jamais de moins.

8. *Devenir invincible*. Les héros savent que le plus court chemin entre là où ils sont et là où ils veulent être se situe entre leurs deux oreilles. Ils se sentent invincibles et sont convaincus de pouvoir accomplir tout ce qu'ils veulent. Grâce à leur imagination fertile, ils réussissent à voir l'invisible et à réaliser ce que les autres jugent impossible. Conscients du fait que la plupart des limites reposent sur la crainte, ils agissent toujours dans le sens de leurs désirs, malgré ce que peuvent dire ou penser les autres. Lorsque la passion personnelle d'une meilleure vie l'emporte sur l'acceptation de sa vie actuelle, on devient invincible et malgré ses bananes, ses obstacles et ses barrières, on trouve le moyen de régner en tant que vainqueur.

Le jouet *Etch A Sketch* de votre enfance est peut-être l'une des meilleures façons d'expliquer comment on peut devenir un héro du changement et se débarrasser des bananes restrictives de sa vie. Le *Etch A Sketch* est une tablette encadrée de plastique rouge sur laquelle, en tournant deux boutons, on peut dessiner des images. Une fois que l'on a terminé, pour faire disparaître son dessin, on doit secouer vigoureusement la tablette. C'est là un bon exemple de ce qu'il faut faire lorsqu'on veut transformer son existence. Observez attentivement l'image de votre vie et si elle vous déplaît, secouez bien le tout. Vous pouvez vous créer une nouvelle vision aussi souvent que vous n'êtes pas disposé à accepter certaines images restrictives de votre vie.

Les héros du monde ne sont pas nécessairement des personnes spéciales. La plupart sont en fait comme vous et moi. Cependant, ils vivent leur vie en croyant fermement qu'ils méritent davantage que ce qu'ils ont et sont prêts à tout pour jouir d'une meilleure vie. Ils n'ont pas peur de courir des risques et sont disposés à subir les conséquences de leurs décisions. On ne peut plus déterminés, ils ne craignent pas l'adversité et n'acceptent jamais le statu quo comme destinée. Ils savent que pour aller de là où ils se trouvent à là où ils veulent se trouver, ils doivent modifier leur comportement. Ils sont également conscients que dans la vie, soit on progresse, soit on régresse.

En effet, on n'est jamais en position neutre. On adopte une habitude de héro lorsqu'on choisit de progresser de façon régulière et continue dans le sens de ses rêves, en se débarrassant de tout élément restrictif.

CLÉ Nº 11
LES HABITUDES DES HÉROS

− CE QUE VOUS POUVEZ FAIRE −

- Vous dresser une liste de priorités.
- Secouer votre vie lorsque c'est nécessaire.
- Vous donner des objectifs élevés.
- Travailler davantage à votre croissance person-nelle qu'à tout autre aspect de votre vie.
- Ne pas avoir peur d'aller à l'encontre des idées reçues.
- Faire ce qu'il faut pour devenir un héro à vos yeux et à ceux des autres.
- Prendre l'habitude de persévérer.

*La compétence se crée
en un instant.*

Clé nº 12

Se constituer un meilleur régime de bananes

Dans la vie, on obtient généralement ce que l'on mérite, pas nécessairement ce que l'on veut. S'il suffisait de le vouloir pour jouir d'une vie plus enrichissante, je pense que nous aurions tous tout ce que nous désirons. J'espère que votre lecture jusqu'ici vous a permis de bien saisir l'importance de la confiance en soi et vous a donné le sentiment que vous méritez une meilleure vie. En vous libérant des fers de votre passé, vous avez compris que vous avez été conçu pour atteindre la grandeur et pour vivre une vie exempte de limites. Vous aurez toujours un certain nombre de bananes dans votre vie. La clé, c'est de distinguer sans tarder celles qui valent la peine d'être gardées de celles qui sont pourries. Un meilleur régime de bananes est le résultat d'une conscience accrue et d'une action rapide.

Le temps est venu d'assurer la direction de votre propre vie. Lorsque vous acceptez cette responsabilité, vous devenez l'arbitre de vos pensées et de vos actions et le maître absolu de votre avenir. C'est vous qui décidez des bananes dont vous devez vous débarrasser et de celles qui vous aideront à progresser dans le sens de vos désirs. Vous avez compris que de confier votre condition de vie à d'autres personnes ou à d'autres forces est une perte de temps, d'efforts et d'énergie. Vous êtes conscient du fait que si votre passé a pu être décidé par d'autres, c'est vous qui décidez du restant de votre vie. C'est là un sentiment très fort, et si vous en faites le fondement de vos émotions, toutes vos pensées et actions vous permettront de grandir dans tous les domaines de la vie.

Voici quelques lignes directrices à prendre en considération tandis que vous devenez maître de vous-même et du reste de votre vie.

1. Pensez avec une longueur d'avance et ayez toujours un plan de secours pour tout ce que vous entreprenez : ne mettez pas tous vos plans dans le même panier. La vie étant pleine de surprises, de temps à autre, vous devrez faire face à des barrières ou à des obstacles. Pour les personnes vraiment créatives et pleines de ressources, un obstacle ne représente qu'une chose que l'on peut contourner. Toutefois, si vous vous trouvez devant une barrière immuable, plutôt que d'investir votre temps et votre énergie à vous acharner contre quelque chose que vous ne pourrez peut-être par surmonter, adoptez votre plan de secours. Rappelez-vous que les défis de la vie peuvent renforcer vos résolutions et votre caractère. Par conséquent, restez souple lorsque la situation requiert une certaine résilience, et inébranlable lorsqu'un obstacle se met en travers de votre chemin.

2. Appréciez le pouvoir de vos affirmations et de vos monologues intérieurs et faites-en un usage efficace. Les deux principaux mots du domaine du pouvoir personnel sont « je suis ». Lorsque vous pensez et affirmez « je suis », vous devenez ce que vous pensez et affirmez être. Parce que la pensée est

de quatre à cinq fois plus rapide que la parole, il importe d'améliorer son opinion de soi plus que toute autre chose. La plus grande part de ce qui se passe entre vos deux oreilles importe bien plus que ce que vous dites. Votre cerveau est comme un aimant et les choses auxquelles vous pensez le plus souvent sont celles qui tôt ou tard se manifesteront dans votre vie, qu'elles soient positives ou négatives.

L'affirmation de soi est la clé d'un nouveau dénouement. Votre façon de voir votre monde, votre travail, votre vie, vos relations et vous-même est une question de choix. Votre objectif est de sans cesse renforcer vos propres pensées et sentiments positifs sur vous-même. Pour évoluer, vous devez sans cesse vous rappeler ce que vous devez faire et redéfinir la façon de vous y prendre. Vous devez vous répéter mentalement le déroulement du reste de votre vie, avant même que ces améliorations n'aient lieu, et croire du fond de votre être que ces choses auxquelles vous aspirez deviendront votre réalité.

3. Tel un enfant, ne vous arrêtez pas devant un refus. Les enfants sont extrêmement tenaces et tant que nous, les adultes, n'avons pas mitraillé leur cerveau de «non» répétés, ils font le nécessaire pour obtenir ce qu'ils désirent. Les enfants veulent ce qu'ils veulent, un point c'est tout, et généralement n'y renoncent pas tant qu'ils ne l'ont pas obtenu. Suivez leur exemple! La plupart du temps, «non» ne signifie rien de plus que «pas maintenant». Par conséquent, réfléchissez à ce que vous voulez et lorsqu'on vous le refuse, insistez et concentrez toute votre énergie sur l'atteinte de vos objectifs. En tant que gestionnaire de votre propre personne, vous verrez qu'absolument rien ne peut remplacer la persistance et la

croyance que vous êtes digne d'une vie sans limites. Souvenez-vous qu'il y a toujours moyen d'obtenir ce que l'on veut dans la vie si l'on est vraiment résolu à l'obtenir.

4. Vivez sans oublier les principes de base : enseignez, gagnez votre vie, riez et apprenez. Lorsque vous passez une partie de vos journées à enseigner aux autres comment améliorer leur vie, vous améliorez la vôtre. Lorsque vous travaillez en vue de gagner non seulement votre pain mais aussi l'admiration et le respect des autres, vous améliorez votre vie. Lorsque vous prenez le temps de vous divertir, vous l'enrichissez. Et lorsque vous vous adonnez à un programme d'apprentissage permanent, la croissance inhérente à celui-ci a un effet sur tout ce que vous entreprenez dans la vie. Assurez-vous d'intégrer ces principes à votre vie de tous les jours et vous êtes sûr de vous débarrasser des bananes pourries de votre passé.

5. Donnez toujours plus que vous ne promettez. Lorsque vous respectez votre parole et donnez plus qu'on n'en attend de vous, vous vous élevez, vous et la façon dont les autres vous perçoivent. Faire ce qu'il faut, à propos et aussi bien que possible, est une habitude qui, une fois établie, créera de nouvelles occasions et vous donnera davantage confiance en vous. Ayant dîné un soir dans un grand restaurant de New York, je commandai pour terminer un *Bananas Foster*. Lorsqu'on m'apporta ce magnifique dessert, quelle ne fut pas ma surprise de voir que l'on m'avait servi la partie « Foster », mais sans les bananes, alors que je m'attendais évidemment à ce que celles-ci constituent le premier ingrédient. La serveuse à qui je fis part de mon désarroi me répondit qu'à la cuisine, on était à court de ce fruit mais que si je le désirais, elle déduirait le prix des bananes de ma facture. Incroyable ! Je ne

remis plus les pieds dans ce restaurant. Pour enrichir sa vie, il faut toujours chercher à donner plus que ce que l'on attend de vous et à ne jamais décevoir.

6. Lorsque vous pouvez choisir entre des pensées et des comportements limités ou sans contraintes, optez toujours pour les seconds. C'est un choix simple à faire. En matière de potentiel personnel, on obtient généralement dans la vie ce que l'on s'est fixé. Rappelez-vous de consacrer la plus grande partie de votre temps et de votre énergie à regarder en direction de vos objectifs. Au-delà de vos bananes restrictives se trouve un monde fantastique d'occasions, d'aventures et de grandeur. Tôt ou tard, on vous définira tel que vous vous voyez. Or, lorsque vous entretenez des pensées exemptes de limites, vous augmentez votre potentiel. N'oubliez jamais que nous vivons dans un monde d'images et que lorsqu'il s'agit d'améliorer notre avenir, ce qui importe vraiment, ce sont les images de notre esprit. C'est pourquoi il faudrait consacrer pas mal de temps à des exercices de visualisation et disposer d'un endroit où l'on puisse accrocher les images de tout ce que comporte sa vision. N'imaginez que du positif dans votre vie et voyez-vous uniquement comme une personne sans frontières ni limites. Prêtez-vous à l'exercice suivant : imaginez un film qui traite seulement du reste de votre vie. Plus ces images sont claires dans votre esprit, meilleures sont vos chances de vivre la vision que vous vous êtes créée.

Pour répondre au besoin urgent d'agir rapidement, prenez la décision de faire tomber la barrière de lenteur afin de transformer votre vie. Maintenant que vous avez opté pour une vie sans limites, plus vous agirez rapidement dans le sens de vos objectifs, mieux ce sera. Si vous n'aimez pas les changements rapides, souvenez-vous que le confort n'est pas nécessairement votre allié. Si vous êtes trop à l'aise, c'est sans doute que vous ne courez pas beaucoup de risques et que vous pourriez apporter des changements plus rapides à votre vie. Vous avez pour mission de rechercher consciemment et activement l'inconfort, en vous rappelant que son antipode est le résultat de la répétition de comportements antérieurs. Ces comportements sont liés aux habitudes de votre passé. N'oubliez pas que vous pouvez changer votre vie en un instant si vous êtes disposé à courir plus de risques et à traiter toutes vos décisions avec un sens d'urgence. Décidez de ce qui doit changer et apportez ces changements sans tarder en ayant des attentes positives. Vous pouvez agir aussi rapidement que vous le souhaitez, et comme l'horloge de la vie ne s'arrête jamais, plus vite vous lâchez prise de vos bananes et poursuivez votre chemin, mieux c'est.

8. Faites preuve d'une plus grande détermination face à vos pensées, à vos actions et à votre attitude. Étant donné que nous sommes tous mus par nos aspirations, lorsqu'on gère ces dernières efficacement et que l'on aborde son existence avec des objectifs personnels très clairs, la vie devient plus divertissante et l'on s'épanouit sur le plan personnel. Les personnes sont comme les entreprises dans le sens où elles ne restent jamais en position neutre. Nous cherchons tous à donner ou à récolter, or la plupart d'entre nous ont tendance à se plaindre lorsqu'ils ne récoltent pas. Lorsqu'on donne plus qu'on ne récolte, on grandit. On ne peut qu'avancer ou régresser sur le plan personnel et si l'on est incapable de démontrer que l'on avance, c'est que l'on régresse. Rester au statu quo n'est jamais un choix, car on reste ainsi agrippé aux bananes pourries de sa vie. Lorsque vous apportez plus à la vie que

vous ne lui prenez, vous vous libérez et vous dirigez vers la grandeur que vous désirez et méritez. Souvenez-vous que tous les jours de votre vie sans exception, vous avez le privilège de valser avec votre destinée. Vous pouvez rester assis en attendant que la danse se termine ou vous lever et danser. Pour vivre une vie plus enrichissante, rien de tel que des intentions pures.

Cessez de remettre à plus tard. Le lâcher prise de vos bananes est une chose du *présent*. Trop souvent, je rencontre des personnes qui regrettent de ne pas avoir modifié leur vie plus tôt. Pis encore, trop de gens vivent dans un état de calme désespoir sans jamais améliorer leur vie; ils s'encroûtent. C'est *maintenant* et non plus tard que vous devez lâcher prise de vos bananes. En remettant à plus tard ce qui doit être fait, vous limitez votre croissance et diminuez votre potentiel. Si vous devez apporter des changements à vos relations personnelles ou professionnelles, faites-le maintenant. Rappelez-vous que votre qualité de vie dépend habituellement de la qualité de vos relations. Si vous devez apporter des changements et vous défaire d'un détracteur de votre succès, plus vous le ferez rapidement, mieux ce sera. Lorsque vous optez pour l'immédiateté plutôt que la procrastination, votre qualité de vie change à peu près aussi vite que vous.

Étant donné que l'horloge de la vie ne s'arrête jamais, pouvez-vous vraiment vous permettre d'attendre? Le moment de chercher à atteindre l'excellence ne sera jamais plus opportun. Souvenez-vous que là où il y a de l'excellence, aucune excuse n'est nécessaire. Par conséquent, faites ce que font les vainqueurs dans la vie. Prenez *dès maintenant* la décision d'apporter les modifications nécessaires à l'amélioration de votre existence, vivez *au présent* avec toute votre énergie et toute votre passion et planifiez votre vie comme si vous ne deviez jamais mourir, en ne laissant aucun détail au hasard.

CLÉ Nº 12
SE CONSTITUER UN MEILLEUR RÉGIME DE BANANES

– CE QUE VOUS POUVEZ FAIRE –

- Soigner vos relations. Toute croissance personnelle passe par les relations.
- Entretenir un besoin d'immédiateté et décider de ce que vous devez faire *maintenant*.
- Conserver une vision claire de votre but dans la vie.
- N'imaginer que du positif dans votre vie.
- Assumer la responsabilité des émotions liées à vos actions et toujours faire ce qu'il convient de faire.
- Suivre votre instinct ; vous savez déjà exactement ce que vous voulez de l'avenir.

*La meilleure façon de changer demain,
c'est de vous occuper d'aujourd'hui !*

Derniers rappels concernant une vie exempte de bananes pourries

C ette idée peut être difficile à accepter, mais vous êtes peut-être la banane pourrie de quelqu'un. Si c'est le cas, soyez prêt à faire le nécessaire pour changer et poursuivez votre vie. Il arrive que la meilleure chose qu'une personne puisse faire pour vous c'est de vous libérer, vous donnant la chance de trouver le bonheur ailleurs. Dans ce cas, procédez à une bonne introspection, examinez votre façon de penser et de vous comporter, et faites ce qu'il faut pour devenir votre « moi » idéal.

Rappelez-vous que très peu de choses durent toute la vie et que bien souvent, elles ne sont pas ce qu'elles semblent être au départ. Une banane pourrie aujourd'hui peut s'améliorer demain. Et ce qui peut sembler une vie remplie de bananes superbes aujourd'hui peut devenir un avenir pourri. Pour optimiser vos possibilités dans la vie, vous devez faire preuve de souplesse face à votre attitude et de pragmatisme face à vos actions. Si vous voulez vraiment la vie que vous croyez mériter, vous devez chercher à rester aussi optimiste que possible.

Pour progresser au-delà de votre situation actuelle, vous devez penser au-delà de vos pensées actuelles et vous imaginer au-delà de votre état présent. Votre subconscient reçoit toujours vos désirs comme étant réalisables et consent toujours à ce que vous souhaitez vraiment. Souvenez-vous que le passé est un endroit de référence et non de résidence, et que la raison pour laquelle le pare-brise d'une voiture est plus grand que le rétroviseur, c'est que l'on est censé passer plus de temps à regarder devant que derrière soi. Par conséquent, faites en sorte de vous définir uniquement comme la personne que vous serez une fois que vous aurez progressé au-delà de votre situation actuelle.

La grandeur personnelle et professionnelle est souvent définie par l'imagination. Rappelez-vous que le goulot d'une bouteille se trouve toujours dans sa partie supérieure et que bon nombre des expériences de notre vie sont le résultat de ce qui se passe dans notre esprit. Au-delà du prévisible existe la possibilité d'un avenir formidable, et lorsque vous concentrerez toute votre énergie mentale sur l'atteinte d'une qualité de vie supérieure à celle que vous vivez actuellement et pourrez imaginer clairement votre avenir, vos visions deviendront partie intégrante de votre réalité. Avec une imagination fertile, on peut surmonter n'importe quelle barrière.

La croyance est un outil puissant et plus vous êtes disposé à vous détacher de vos croyances actuelles concernant les limites que vous pourriez avoir, plus vous vous rapprochez d'une vie aux possibilités illimitées. Votre esprit créateur a la capacité de visionner la vie de vos rêves. Par conséquent, restez serein et concentrez-vous sur la qualité de vos choix quotidiens. La liberté de croire que vous méritez une vie exempte de bananes pourries vous donnera l'énergie et le pouvoir de jouir davantage de la vie.

C'est dans l'avenir que vous allez passer le reste de votre existence. La meilleure façon de vous assurer un meilleur avenir, c'est de planifier à long terme et de vivre au présent. Après tout, nous ne pouvons compter que sur le « présent » qu'on appelle ainsi parce que chaque instant est véritablement un cadeau ; chérissez-le. Parce que tant de choses dans la vie dépendent d'une responsabilisation de notre part, notre principale tâche est de vivre « au présent » tout en planifiant l'avenir. Souvenez-vous que votre subconscient reçoit vos visions et vos croyances comme vraies et réalisables.

Pour tirer davantage de la vie, vous devez être disposé à penser d'autres pensées, à entreprendre d'autres actions et à revoir constamment ce que vous pensez mériter. Plus vous vous croyez digne d'une meilleure vie, meilleure elle sera. Ce sont les monologues qui forment l'image de soi dont dépend d'ailleurs toute croissance personnelle. La passion et le désir entraînent la grandeur et lorsque vous dirigez toute votre énergie mentale, vos efforts physiques et votre enthousiasme émotionnel vers vos objectifs, et cela avec passion, votre qualité de vie s'améliore. Rappelez-vous que la meilleure raison de viser l'excellence personnelle et professionnelle au présent, c'est la promesse d'un meilleur avenir.

Sachez que la motivation et la volonté sont des notions bien distinctes. La motivation est plutôt une force extérieure qui modifie provisoirement notre façon de penser, de nous sentir ou d'agir. Malheureusement, si l'on compte sur la motivation pour améliorer sa vie, on est toujours dépendant de forces extérieures. Par contre, lorsqu'on a la volonté, l'énergie vient de l'intérieur et l'inspiration vous entraîne toujours dans le sens de vos désirs. Souvenez-vous que la volonté est actionnée par un sens puissant d'objectif. Lorsqu'on sait exactement ce que l'on veut et que l'on se concentre sur un objectif valable, on trouve les ressources nécessaires pour faire des choses extraordinaires dans la vie.

Le renoncement à l'état de statu quo est très souvent le résultat d'une décision de ne plus accepter ou tolérer sa condition présente. Votre capacité de changer l'opinion que vous avez de vous-même et votre potentiel est ce que vous possédez de plus précieux. En ce qui a trait à ce que vous pouvez accomplir dans la vie, il n'existe aucune barrière, seulement de fausses croyances. Dans une grande mesure, d'autres que vous sont à l'origine de bon nombre de vos croyances concernant la personne que vous êtes et votre potentiel personnel. Et s'ils avaient tort ? Pour aller au-delà de votre situation de vie actuelle, vous devez commencer par adopter une pensée et un comportement au-delà de la personne que vous êtes. Et si votre passé a pu être prédéterminé, votre avenir n'a pas encore été écrit. Dès l'instant où vous serez disposé à modifier vos croyances et votre comportement, vos barrières se mettront à tomber et vos bananes pourries disparaîtront. Suivez votre instinct, car vous savez déjà ce que vous voulez.

Renforcez votre unicité au quotidien. Ce qui vous rend unique deviendra le fondement de votre confiance en vous. Vous ne pouvez pas créer une vie meilleure que ce que vous pensez mériter, et votre qualité de vie reflètera toujours vos sentiments et votre confiance en vous. Ne négligez jamais vos réussites ou vos qualités personnelles. En effet, nous nous attardons souvent sur nos lacunes aux dépens de ce que nous avons déjà accompli. Vous connaîtrez une meilleure vie lorsque votre vision positive de vous-même sera égalée par votre courage, votre éthique du travail et votre degré de préparation.

Prenez la décision de vous concentrer entièrement sur la qualité de vos décisions à laquelle, tôt ou tard, votre qualité de vie deviendra directement proportionnelle. Il arrive très souvent que la seule chose qui vous empêche de vous débarrasser des bananes pourries de votre vie, c'est que vous permettez à votre condition actuelle de s'installer. Lorsqu'on prend de meilleures décisions, on connaît une meilleure vie. Aussi, les décisions prises aujourd'hui finiront par déterminer ce que sera demain. La seule façon d'améliorer votre avenir, c'est de prendre en charge votre présent, car vos décisions sont le fondement de votre avenir.

Soyez brillant, débrouillard et conscient de ce que vous devez faire pour vous débarrasser de vos limites et mener une vie sans barrières. Je vous suggère de suivre la règle suivante lorsque vous cherchez à améliorer votre vie. Je suis sûr qu'elle ne manquera pas de vous être utile à vous aussi.

Quand vous avez plus de temps que d'argent,
employez votre temps.
Quand vous avez plus d'argent que de temps,
employez votre argent.

Nous avons tous vécu et traversé des moments déterminants dans notre vie. Lorsque vous devrez faire face à des événements traumatisants, sachez que vous n'en sortirez jamais tout à fait le même. Vous vous retrouverez soit affaibli ou amoindri, soit au contraire revigoré et fortifié en tant que personne. Rappelez-vous que votre prochain grand défi pourrait être savamment déguisé en grande occasion de croissance. Soyez toujours déterminé à tirer le maximum de votre existence tandis que vous lâchez prise de vos bananes, et jouissez d'une vie exempte de limites.

Table des matières